放养，
让孩子像孩子那样成长

范晓军◎著

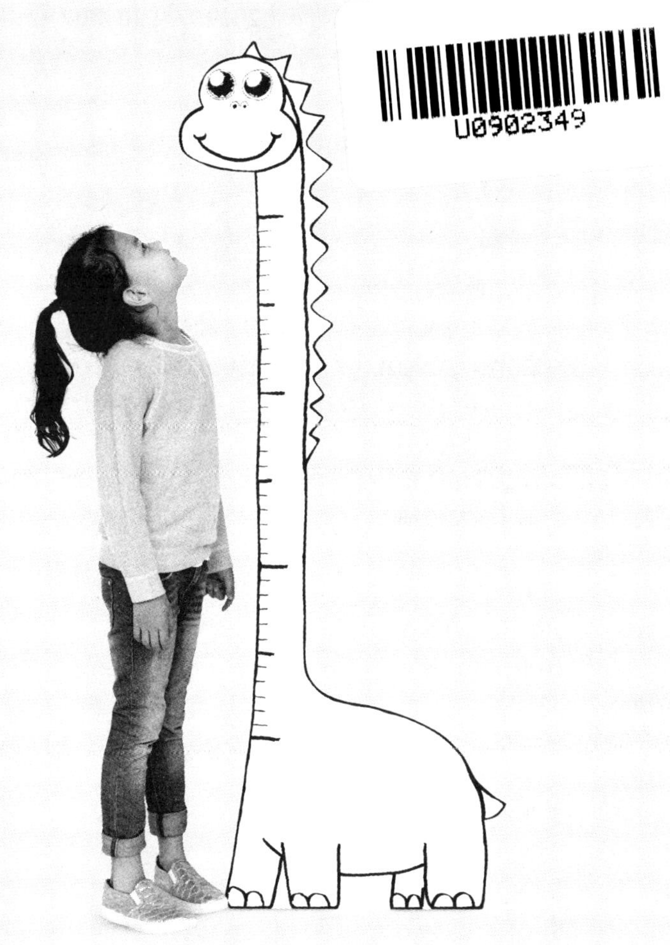

辽宁人民出版社

图书在版编目（CIP）数据

放养，让孩子像孩子那样成长 / 范晓军著．—沈阳：辽宁人民出版社，2020.1
ISBN 978-7-205-09729-5

Ⅰ．①放…　Ⅱ．①范…　Ⅲ．①家庭教育—通俗读物　Ⅳ．① G78-49

中国版本图书馆 CIP 数据核字（2019）第 169862 号

出版发行：辽宁人民出版社
地址：沈阳市和平区十一纬路 25 号　邮编：110003
电话：024-23284321（邮　购）　024-23284324（发行部）
传真：024-23284191（发行部）　024-23284304（办公室）
http://www.lnpph.com.cn
印　　刷：天津旭非印刷有限公司
幅面尺寸：170mm × 240mm
印　　张：15
字　　数：210 千字
出版时间：2020 年 1 月第 1 版
印刷时间：2020 年 1 月第 1 次印刷
特约编辑：马　驰
责任编辑：王　增
封面设计：末末美书
版式设计：新视点
责任校对：刘再升
书　　号：ISBN 978-7-205-09729-5

定　　价：39.80 元

前 言

这个世界上，没有哪个父母不爱孩子，不为了孩子而竭尽全力，但是美好的愿望却不一定给孩子带来好的结果。

于是，面对孩子的成长，很多家长感到迷茫焦虑，反复地问自己：到底是该好好地管孩子，还是该放手，给孩子一个快乐的童年？

其实，这个问题很早之前就已经有了答案。迪斯尼乐园的路径，是由世界建筑大师格罗培斯设计的。当初他也曾经大伤脑筋，不知道该如何设计得更完美。

后来他突发灵感，决定“撒上草种，提前开放”。在提前开放的半年时间里，迪斯尼工作人员没有限制游人，甚至请他们自由踩踏。结果，草地被踩出许多小路，有宽有窄，有弯有直，优雅自然。

接下来，格罗培斯按照这些踩出的痕迹，让人铺设了一条条人行道——这自然而成的路径设计，之后竟然被评为世界最佳设计。

这告诉我们这样一个道理：很多时候，很多事情，顺其自然，也许是最佳的选择。

建筑如此，教育何尝不也是这样？孩子的成长之路，就是一条铺向未来的路径，顺其本性，顺应自然，才是最为明智之举。因为在孩子看来，家长过多的关心、管束，就是一种变相的压力、逼迫。管多了，反而管出仇来。

要不然，我们怎么总是听到孩子有这样的抱怨：

“妈，你能不能别管我！我快累死了，你就别给我压力了行不行？”

“你为什么总是让我听话！难道我只是听话的机器？”

“我做事的时候，妈妈总是在一旁指指点点，实在太烦人了！”

“妈妈，你总说为了我好，为了我好，可是我看不到我有哪点好了！”

……

事实上，很多时候，“我是为你好”都只是一句骗人的话。不妨想想，大部分家长口中的“我是为了你好”，是真的为了孩子好吗？

并非如此！虽然很多父母的本心是好的，但更多时候，这样的教育方式却成为一把利剑，深深地伤害了孩子。这所谓的爱和好，都是建立在对孩子的控制和管教上的，不知不觉让孩子失去了自我，失去了主见。

孩子是一棵有自己生长节奏的小树。慢一点，从容一点，方能优雅自在，茁壮茂盛。家长应该不和孩子较劲，让他自由去发挥，还应该跟在他的身后，放慢匆匆的脚步，欣赏他的成长。

孩子是一只可以独立航行的小船。解放自我，放飞理想和智慧，方能活出自己想要的模样。家长要真心爱孩子，但不能永远将孩子庇护在温暖和呵护中，走出传统的管理和控制，给予他充分的自由，才能让孩子快乐地驶向未来。

孩子是一粒花种，只不过有的花，一开始就灿烂绽放；有的花，却是姗姗来迟。家长应该学会懂孩子和等孩子，并且潜心体会和孩子一起成长的时光。在这个过程中，彼此都是舒心的、快乐的，才是最美好的事情……

放养，让孩子像孩子一样成长，才是给他们最好的爱！

当然，放养教育不是某些家长懒惰的借口，更不是他们不愿意花心思陪伴、教育孩子的挡箭牌。就如同黑幼龙说的那句话：“给孩子自由的成长空间，让他们尽情玩耍，教给他们独立生活的技巧。今天，我们的孩子需要的恰恰是这样的成长过程。”

Chapter 3
天然即极致，顺应天性才是养育的正确姿势

Chapter 4
我们不必成为完美父母，但至少要“会听话”

Chapter 5
放养不放任，用兴趣引导孩子成长

Chapter 6
授孩子知识，不如授他学习知识的能力

Chapter 7
千万次说教，不如孩子亲自体验一次

Chapter 8
活成自己想要的模样，是成功的唯一标准

Chapter 1
每个孩子都是一粒花种，只是花期不同

每个孩子都是一粒花种，都有发芽、开花、结果的时候，只不过有的花，一开始就灿烂绽放；有的花，却是姗姗来迟。放养的一个重要原则就是不过分期望，不操之过急，耐心等待孩子的成长，并以成人的冷静和睿智来引导孩子，这个过程是正向的、舒心的，孩子才会成长得更美好！

每个孩子都是独一无二的花朵

在这个世界上，我们不可能找到两片相同的树叶，同样的，我们也找不出两个性格完全相同的孩子。可见，每一个孩子都是独一无二的。然而，这些独一无二的孩子中，有的性格讨喜，有的性格不讨喜，但不管孩子的性格是好是坏，作为父母，我们都要全盘接收。因为，正是这份独特，孩子才会成为独一无二的存在。

秦卿是一位职场女性，因为性格外向、乐于助人，所以人缘特别好。反观秦卿的儿子小新，性格内向、孤僻，不太喜欢和同学们一起玩，就连一些团体活动，他也是能不参加就不参加。因为小新的特立独行，老师特地找到秦卿，与秦卿说了很久。

这一天，小新放学回家后，秦卿问小新："儿子，你上学已经好几个月了，有没有交到新朋友？学校好玩吗？"

小新回答说："没有，大家在一起总是打打闹闹的，我觉得他们好幼稚。"

秦卿又接着问："你为什么会这么想呢？"

小新说："我觉得打打闹闹太没意思了，还不如自己多看看书，或者放假了独自去郊游。妈妈，我特别羡慕武侠小说里面的那些大侠，他们来去自由，不受束缚，我以后也想当这样潇洒的大侠。"

秦卿听后，不禁皱起眉头。她觉得孩子这样下去以后社交会有障碍，觉得孩子必须要和小伙伴们一起玩、一起打闹才是正常现象，她甚至怀疑孩子是否有自闭症。因此，秦卿劝说小新：“儿子，你不要这么不合群，应该多和朋友在一起玩，一起谈心，这样的生活态度才是积极的。老是关起门来，一个人待着，大家会觉得你很奇怪的。”

小新听到妈妈这么说，冷漠地回答：“可是，我就是喜欢一个人安静地待着，我觉得这样很好，我没觉得有什么奇怪的。”

面对小新的坚持，秦卿无计可施。

后来，秦卿打算约几个朋友带着孩子一同去郊游，她觉得这是一次锻炼小新的好机会。她对小新说：“妈妈今天带你去见几个新朋友怎么样啊？”小新还是拒绝了，他对秦卿说：“妈妈，我不想去，我不喜欢和小孩子一起玩，没意思。”

秦卿说：“你不也是小孩子嘛。”

小新摇摇头：“反正我是不会去的，我再说一遍，我就是喜欢自己一个人待着！”

秦卿非常无奈，此次出行计划只好作罢，她不禁叹气，自己的儿子怎么会那么固执呢！

成年人的性格其实在孩童时期就已经成型了，因此，在我们周围，和小新性格很相似的孩子还有很多。但是，很多父母却觉得自己的孩子整天一个人很奇怪，便觉得小孩子天生就是爱热闹的，喜欢和同龄的小朋友一起玩。因此，当发现自己的孩子性格很孤僻，父母就会着急，甚至有的父母还会因此而责备孩子：“你怎么跟个闷葫芦似的！”“你怎么小小年纪跟个死气沉沉的老头一样……”但是，这种办法并没有改善孩子的情况。因为越责备，孩子的思想包袱就越重。特别是父母那种命令式的口吻，对孩子的心理成长没有好处。

有些父母为了纠正孩子孤僻的性格，要求孩子跟性格活泼外向的小伙伴一起相处，但是，他们不知道，这样只会适得其反。当性格内向的孩子和外向的孩子相处时，心理压力反而更大，心中会形成一道防护墙，让孩子更加内向孤僻。

因此，父母不要强行改变孩子的性格，不管孩子的性格是安静还是活泼，是天真还是内敛，只要孩子身心健康、生活快乐，我们就应该尊重孩子本来的模样。正所谓“大家不同，大家都好”，说的大抵就是这个意思。

如果我们孩子的性格与别人不一样，我们也没必要强求，这不是缺点，不要因为这一点就去斥责孩子，我们应该对孩子宽容一些。即使孩子的性格上有某些不好的倾向，也不要强迫孩子改变，作为父母，我们应该多和孩子交流，抓住孩子的性格特点。

针对不同性格的孩子，父母要用不同方式方法去教育。比如，孩子的性格偏激，那么就要用温声细语的方式去教育孩子，因为偏激遇上偏激，只会碰撞出更大的火花；如果孩子的性格散漫，那么就要用严肃的态度去教育孩子，因为你的严肃可以感染孩子，让孩子意识到事情的重要性；如果孩子的性格特立独行，那么也要用特立独行的方式去教育孩子，只有让孩子感受到你的与众不同，他才会去正视。

存在即有意义。作为父母，我们要尊重孩子的性格，而不是想方设法让孩子的性格朝着自己期望的方向发展。但不管孩子的性格如何，我们都要告诉孩子，人不是孤岛，虽然不用刻意改变自己，但是必须要适应社会环境，这样才能健康快乐地成长。

孩子宝贵之处就在于个性，我们应该尊重

有一位妈妈，每晚都会给孩子说晚安故事。这一天，她给孩子讲《灰姑娘》的故事，孩子听得很认真。讲完之后，妈妈问孩子："如果灰姑娘在12点之前没有跳上南瓜车，她会怎么样呢？"

孩子想了想说："那她可就惨了，被她后妈发现了，以后就一定不让她去了，她也就不能遇到王子了。"

妈妈说："是的。所以我们要记住，做什么事情都要守时。"然后妈妈又问孩子，"如果灰姑娘一开始因为后妈的阻拦而打消去舞会的念头，她还会遇到王子吗？"

"当然不会。"孩子果断地回答。

"没错。这个故事说明，人到任何时候都不能放弃希望。"妈妈说。

孩子歪着脑袋，突然说："妈妈，《灰姑娘》里面有个错误，当时钟指向12点，施在灰姑娘身上的魔法都会消失，可是水晶鞋没有消失。"

这位妈妈非常惊讶，她很激动地说："宝贝，你听得可真仔细。你看，伟大的作家也会出错，但出错并不是什么可怕的事情，你要是能成为作家的话，一定比他还要棒。"

在这样一问一答的对话中，我们可以看出，妈妈的提问是在拓展孩子的思

维，把道理藏于故事里，更容易让孩子接受。如果这位妈妈不懂得尊重孩子的个性，那么，她这样的教育方式是没有效果的，甚至会起到相反的效果。

有个孩子很有创造力，时常能发明一些小东西，是大家公认的发明小能手。不过，他的成绩不算好，而他的父母也认为他整天弄那些学习以外的东西没什么大出息，每次看见都会指责他。这个孩子在日记中写了很多负面的话语："看书，看书，还是看书，什么时候我能真正和我的爱好相伴呢？""我太自卑了，很有压力，一次次考试失败使我学会了说谎，否则爸爸会打我。"

孩子不敢把自己的真实想法说出来，只好写在日记里。父母天天逼着他学习，他没有时间去弄他的发明，渐渐变得忧郁起来。每当孩子鼓起勇气想跟父母好好谈谈，他们都会用"你要好好学习""爸爸妈妈是为了你好"等之类的话打消他的念头。后来，这个孩子变得越来越不愿说话，积压的负面情绪使他变得越来越孤僻。

每一个孩子都可能成功，关键是父母能不能帮助孩子找到最佳的发挥位置。好的家庭环境应该是适合孩子的个性发展，而不是让孩子收起个性。然而在中国，很多父母普遍抱有一种心态，对孩子的期望值过高。

孩子能否成功，在于他是不是选择了适合自己做的事，也就是选择前行的道路。只有给孩子好的定位，才能发挥出他们的最大潜能。不过，需要注意的是，尊重孩子的个性不等于放任他们的个性。

曾经在一个论坛上看到一位妈妈因为担忧孩子而在论坛上写下了自己的烦恼，她说："我的孩子不知道怎么了，他喜欢画画，我们给他买画笔，他画得到处都是，如我们的衣服上、墙壁上。每天我都得费力打扫，有时候实在气急了，就吼他几句，他马上扔掉画笔跟我抗议。"

不难看出，这位妈妈十分无奈。网友们纷纷给这位妈妈出主意，最后得出的一致结论是尊重孩子的个性发展。后来，这位妈妈尝试着去尊重孩子，但随着孩子年龄增长，她的烦恼又接踵而来，她在论坛中又写道："我对孩子几乎是百依百顺，他却变本加厉。他现在不但不听大人的话，坏习惯也多起来了：在家到处乱扔东西；带他出去他就赖在地上不走，非要我抱；看见好玩儿的就要我们买给他。”

于是，这个论坛变成了一个讨论吧，讨论的主题是：父母该不该“尊重”孩子的个性？“棍棒教育”的时代已经过去，尊重孩子，鼓励他们个性发展才是当今教育的主旋律。不过，个性发展需要一个“度”，在合理的范围内允许孩子自主发展。因此，在孩子几个月大的时候，我们应该适当地让孩子知道，他们的某些行为让大人生气了。要是让他们完全自由发挥，不仅影响他们正常成长，还容易养成不良习惯。

现在有很多孩子都比较任性，父母和孩子一起玩耍时，孩子在前面玩，父母就跟在后面收拾“残局”，比如玩搭积木，才几分钟，积木就被踢得一塌糊涂，父母就帮忙再搭好，玩拼图游戏也是如此，面对摊开一地的拼图，父母总是非常耐心地帮助拼完整。

不少父母因为工作繁忙，没时间照顾孩子，又缺乏育儿经验，往往会表现出对孩子过多的保护，孩子就会把大人的迁就理解为自己在做正确的事。我们虽然不能过多地限制孩子，但也不能单纯地“堆笑脸”，在孩子出现危险或错误举动时，我们一定要准确无误地表示出“愤怒”，可以用眼神或者一个动作来表示，通过给孩子小挫折，帮助孩子改正缺点，让他们健康成长。

孩子们的宝贵之处就在于他们与众不同的个性，我们应该尊重。教育是门艺术，没有一种通用的方法是适用于所有孩子的，只有认识到孩子的独特性，才能因材施教，开发出孩子的潜能。

应该用欣赏的目光去看待每一个孩子

曾经有一位老教授做过一个实验：他给自己的学生布置了一个任务，并将这些学生分成三组。他对第一组学生说了许多表扬和赞美的话，并肯定他们的能力，鼓励这些学生尽快完成任务；对第二组学生，他恶语相向，说了很多斥责和批评的话，并对学生的能力进行了否定；对第三组学生，他不管不问，任由他们发展。

这三组学生，哪一组率先完成了老教授布置的任务呢？

答案是受到表扬的第一组。其次完成的是受到否定与斥责的第二组，而受到忽视的第三组则一点进展都没有。

从这个实验中，我们不难看出，用欣赏、赞扬的目光去看待孩子，可以让孩子增添动力，变得做事积极，而用否定的目光去看待孩子，会激发孩子的潜能，同样能让孩子变得积极向上。但两者相比较，用欣赏的目光去看待孩子是最合适的，因为一味地指责和批评会伤害孩子幼小的心灵，在孩子的心里留下阴影。而不闻不问，则会令孩子迷茫，失去前进的动力，难以找出人生的方向。

每一位父母都该反思一下自己的行为，在与孩子相处时，是欣赏孩子居多，还是指责孩子居多呢？再思考一下，用欣赏的目光去看待孩子与用指责的目光去看待孩子又有哪些不同？毫无疑问，用欣赏的目光去看待孩子，不仅能塑造孩子

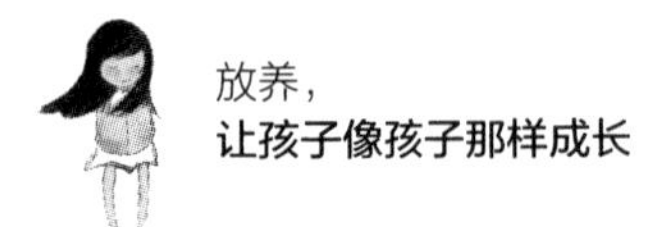

乐观向上、热爱生活的性格，还能促进亲子关系的发展；而用否定与指责的目光去看待孩子，会使孩子的性格越来越阴郁、孤僻，对亲子关系伤害极大。

想要与孩子成为无话不谈的好朋友，想要让孩子的身心健康发展，那么就该用欣赏的目光去看待孩子。而在孩子眼中，父母的欣赏是最基本的爱。

小敏是一个内向的女孩，每次与人说话时，声音都低得跟蚊子的嗡嗡声一样，说不上两句，脸上害羞得一片通红。起初，小敏的妈妈没多在意，觉得孩子长大一点，就会外向一点。哪想到，小敏上学后，她变得越来越腼腆，表现为：不敢与同学们说话、回答老师问题时总是低着头不说话、同学与她交谈时都只说几个字。

种种现象都让小敏妈妈担忧不已。她觉得，孩子这样的性格将来很难在社会上立足。只是，该怎么帮助孩子变得性格外向、活泼开朗呢？为此，小敏的妈妈去咨询了心理老师。

心理老师对小敏妈妈说："孩子之所以会腼腆内向，多半是因为自卑造成的。想要让孩子变得乐观开朗，就要用欣赏的目光去看待孩子，不吝啬对孩子的赞美。"

小敏妈妈听后，不禁陷入了沉思：小敏怎么会自卑呢？

原来，小敏的成绩向来不好，每一次考试过后，妈妈都会批评她。每年过年回老家拜年时，亲朋好友都会询问小敏的学习成绩，然后又会聊起哪家孩子的学习成绩好。小敏听后，会不自觉地将自己与成绩好的孩子做对比。有对比就会有伤害，小敏的自卑就是由此而来。她渐渐变得不爱说话，仿佛要把自己变成一个隐形人。似乎这样做，就自以为大家不会再关注她，继而询问她的成绩。

小敏妈妈找到原因，她等待机会准备夸奖孩子。

期末考试成绩出来后，小敏的成绩依旧刚刚及格。在往常，小敏的妈妈一定会表现出不满。不过这一次，她夸奖了小敏。

"小敏，妈妈从来没有发现，你居然写了一手漂亮的钢笔字。你的字拿去比赛，一定会获得一个不错的名次。”

“这一次分数虽然考得不高，但跟上一次比，有了很大的进步。妈妈相信，你下一次一定能考得更好。”

“小敏，你好厉害，这道题目是超纲题，你居然做出来了！”

……

小敏本来准备好接受妈妈的批评和指责了，哪想到妈妈不仅没有责怪她，反而还夸奖了她！听着妈妈的夸奖与鼓励，她圆溜溜的大眼睛闪烁着愉悦的光芒。她更是主动地对妈妈说：“妈妈，我会再努力进步的！”

听完小敏严肃的保证，小敏妈妈的心忽然一颤。这一刻，她才真正明白，每一个孩子都该用欣赏的目光去看待，因为欣赏可以让孩子变得更好。此后，小敏妈妈会时不时地夸奖小敏，小敏也变得爱笑，变得乐观开朗，变得愿意与人主动交谈了。

对孩子来说，他们的心灵都是脆弱敏感的。有些话，在成年人听来不觉得有什么，但孩子听后会格外在意，继而心里难受。而难受的表现有不爱说话、暴躁易怒，等等。尤其是这些消极的话由孩子最亲近的人说出口，对他们造成的伤害与影响更大。

每个孩子都需要自信，而夸奖、表扬、鼓励是增加孩子自信的催化剂，用欣赏的目光去看待孩子，是每一位父母都该掌握的事。那么，父母该怎么用欣赏的目光去看待孩子呢？答案是放大孩子身上的优点。

一位高明的父母，他会欣赏孩子身上最不起眼的优点，并且会放大这一优点，用以增强孩子的自信心。就比如著名的物理学家杨振宁，他在美国读书时，动手能力特别差。当时，很多同学都开玩笑说：“实验室哪里发生爆炸，哪里就有杨振宁。”要知道，作为一名物理研究生，如果实验能力差，通常意味着这个学生没有前途。当时，一位物理大师却看中了杨振宁的“长处”——试验能力差，但分析能力一流。在这位物理大师的悉心培养鼓励夸奖之下，杨振宁才取得了杰出的成就，最终获得了诺贝尔物理学奖。

判断一个孩子的好坏，并不取决于一个或几个方面。只要父母用欣赏的目光去看待孩子，就会发现每一个孩子都有他的长处和优点。从此刻起，不要吝啬自己对孩子的赞美与夸奖，让孩子清清楚楚地明白，他也是一个优秀的孩子。只有认识到自己的优秀，孩子才会变得更加优秀。

每一个创伤都是成长

经常在海上航行的人会懂得，看似晴空万里、风平浪静的海上，也会突然间乌云密布、波涛汹涌，遭遇大风大浪的袭击；见识过化茧成蝶的人会明白，为了变成蝴蝶破茧而出，小小的蚕蛹历经了无数次的创伤与失败，才有了那一刻的自由飞翔。

人生又何尝不是如此。人生的旅途从来都不是平坦而笔直的康庄大道，总会面临各式各样的创伤与磨难。倘若能把每一次的创伤都看作是一种成长，当作一种经历来对待，那么，所经历的人生将是何等辉煌。

但生活中，很多父母由于心疼孩子，总是忍不住想尽一切办法帮孩子规避生活的创伤，殊不知，这样只会适得其反，导致孩子在之后的人生中面临生活的创伤与失败时，不能正确面对并失去笑对生活的勇气与信心。创伤与失败，其实都是人们所要经历的世间百态，都是人生的历练与成长，都标志着一个人勇往直前的决心与勇气。孩子也只有经历了世间百态，尝尽了生活的冷暖，才会由此而成长起来，成长为一个坚强、乐观、自信、勇敢的人。

提起迪斯尼相信很多人都不会感到陌生吧！就单单上海迪斯尼开园的这几年来，每年的客流量就高达1000万人次。那么，有多少人知道这个童话王国是怎么建立起来的呢?

迪斯尼的创始人沃尔特·迪斯尼年轻时的梦想是当一名行为艺术家，有一天他带着自己的作品到当地的一家报社去应聘。

可是在面试环节，报社主编却以迪斯尼的作品“没有思想、缺乏创意”为由果断地拒绝了他。这次拒绝令信心满满的迪斯尼深受打击，他万分沮丧甚至心灰意冷。此时，他的身上已经没有多余的钱来支撑他的生活了，如果再找不到工作他将要流落街头了。

不久后，迪斯尼找到了一个临时替学校教学作画的工作，只是报酬少得可怜，仅够勉强度日维持日常简单的开销。但生活的创伤并没有将迪斯尼打垮，他借用单位废弃的仓库当作办公室，仍然辛勤地工作着。在这种艰难的创作条件下，迪斯尼时刻都不忘自己的梦想，他废寝忘食地把所有的空余时间都用在了绘画上。

后来，偶然的一个机会，迪斯尼去好莱坞参与一部卡通片的摄制与创作，但是很不幸，等待他的结果依然是失败。他又一次变得一无所有，没钱、没工作，过着吃了上顿愁下顿的日子。但穷困潦倒并没有让他放弃人生的希望，他依然坚持着自己的创作。

终于，皇天不负苦心人。在历经了生活的多次创伤后，迪斯尼终于迎来了属于自己的春天。他用自己创作的一幅米老鼠的卡通画，得到了好莱坞一位导演的赏识，并由此被录用。从此以后，米老鼠便成为世界上家喻户晓的卡通动物的代表，而迪斯尼也由此开启了自己辉煌的事业之路。

纵观古今中外，又有哪位历史名人不是历经了生活的创伤与失败后，才逐渐取得成功的呢？创伤与失败可以说是人生必经的一个过程，每一种创伤都是一种成长。在前行的道路上，它能更好地帮助孩子感知这个世界的美好与世间的生活百态。所以，父母在孩子的成长过程中，不要贸然插手，更不要过度干涉孩子的行为举止，而应该勇敢放手让孩子在人生的创伤中历经磨难与失败，披荆斩棘勇敢前行。

父母在必要的时候要学会放手。哪怕孩子会历经创伤与失败，父母也要勇敢地学会放手，避免过度干涉或代劳，导致孩子的依赖心理。同时，父母要学会控制自己的担心与焦虑情绪，以免影响孩子对事物的判断能力或主观意识。

父母也可以用成功案例激励孩子。成功的名人案例对孩子的影响是巨大的，所以父母在日常的生活中，不妨多引用一些名人事迹来激励孩子。而孩子受此长期影响，内心也会变得更加坚强与勇敢，拥有直面创伤的勇气与正确的处世态度。

此外，父母要教会孩子正确认识现状。每个人的生活都不是一帆风顺的，父母应该教会孩子正确地认识生活的环境现状与即将遭遇到的各种创伤与失败，让孩子随时做好面临磨难的准备。如果父母能教会孩子充分认识到这些的话，那么日后当孩子面临困难时，心态也会更加平稳与淡定。

诚然，父母都是爱孩子的，每个孩子从生下来就无时无刻不被父母的爱所包围着。但是，当我们怕孩子吃苦，怕孩子历经创伤，而给予孩子无微不至的照顾时，可曾想过，当孩子长大的那一天，他又该如何撑起自己的生活呢？孩子的成长过程中，他所历经的每一种创伤，其实都是他生活中的一种成长。“不经历风雨，怎能见彩虹”，父母应该深刻认识到这一点，在孩子的成长之路上勇敢地放手。

给孩子一些合理的“纵容”

大多数人总是有这样一个思维定式，认为父母对孩子的纵容，会让孩子变得任性、霸道、我行我素。诚然，这样的想法有一定的道理，但是却不尽然。很多时候，孩子的健康成长同样需要父母的合理“纵容”。

“不许拆玩具”“男子汉不许哭”“不能玩泥巴”……诸如此类“不许”和“不能”的条条框框可谓数不胜数，这些都是父母在教育孩子的过程中，管理孩子的惯用方式。父母们总是乐此不疲地给孩子灌输着各种过分的规定和要求，就是希望孩子能健康成长。无规矩不成方圆，父母有这样的想法和做法无可厚非，但是对孩子的约束应该把握一个“度”。有些时候，在特殊的情况下，父母应该放宽这些条条框框，给孩子一些合理的“纵容”，让孩子能有更大的空间和更多的自由。

“人非圣贤，孰能无过”，更何况是孩子。孩子只有在犯错中总结教训才能成长。如果不给孩子犯错的机会，孩子如何能明事理、辨对错呢？当孩子犯错时，如果父母不能正确地看待，而是盲目地指责孩子，只会让孩子变得胆小软弱，失去本该有的天真烂漫和灵性。

随着时代的发展和日益激烈的社会竞争，现在的孩子总是面临着沉重的学习压力，他们在压抑的学习环境中，变得焦虑、紧张。被压得喘不过气的孩子需要释放压力，于是他们总是喜欢在做作业时，出来倒杯水缓解一下紧张的大脑；他们总是喜欢在闹钟响过后，继续在床上多待几分钟……

其实，孩子的每一个自我“放纵”的行为都有自己的目的和意图，对父母而言，这些“放纵”背后的真实原因是不为所知的。因此，父母不能武断地认为孩子的行为欠妥而严厉制止，而是应该适度地放任孩子的这些“放纵”行为，让孩子将这些行为“放纵”到底，这样既能更好地了解孩子的想法和最终目的，也能让孩子对父母有所信任，从而建立良好的亲子关系。

涵涵从小就是个“破坏大王”，总是喜欢拆各种玩具，家里的客厅、卧室、书房随处可见涵涵拆掉的玩具小零件，有时甚至还会把电视遥控器也拆得七零八散。

有一次涵涵把爸爸在国外出差时买回来送给他的遥控警车玩具给“解剖”了，爸爸看到后并没有指责或生气，反而表扬涵涵：“你真厉害，这么复杂的遥控玩具你都能拆开！”

听到表扬后的涵涵露出了得意的笑。随后爸爸便趁机给涵涵讲了一下这个遥控警车的构造，以及杠杆的原理和使用工具的作用，然后爸爸指导涵涵成功地将遥控警车组装起来，并且完好无损，功能也没有受到任何影响。

整个过程中，涵涵都听得非常认真，爸爸看到组装成功后兴奋的涵涵，伸出大拇指说道：“儿子你真聪明，都能自己组装遥控汽车了，太棒了！”

从此以后，涵涵更是把“破坏大王”的名号发挥得淋漓尽致，但和以前不同的是，他每次拆完东西后，都会努力地将它恢复原样，一旦确认能正常使用，就会跑到爸爸面前“邀功”，得到爸爸的赞扬；即使没能恢复原样，不能正常使用，涵涵也会向爸爸求助，在爸爸的帮助下“修好”。有时也会有拆开后完全坏掉的东西，但是涵涵的爸爸从来都没有因此批评责骂过他。

在爸爸的“放纵”下，涵涵在中学时就参加了FRC全球顶级的中学生机器人比赛。

是想做像涵涵爸爸这样，给孩子一些合理“放纵”，激发孩子潜能的父母，还是想继续做一名给孩子设置条条框框，不许孩子搞破坏的父母？答案很明显。

很多时候，孩子之所以破坏，是受好奇心和探索欲的驱使，他们想弄明白为什么小汽车会跑，为什么小飞机会飞，为什么汤姆猫会学别人说话……这样的行为是值得父母“放纵”的，因为这是孩子发展思维和培养动手能力的动力。

孩子的偶尔“放纵”，会让孩子得到经验、学会思考，从无知变为有知，从愚昧变得聪明，从幼稚发展为成熟。犯错是孩子成长的必经之路。冰心曾说：“淘气的男孩是好的，调皮的女孩是巧的。”孩子的淘气和犯错需要父母的合理“放纵”，这才是孩子发展思维和独立创造的源泉，是孩子智慧发展的动力。父母只要善于引导，给孩子合理的“放纵”，他们才可能成为优秀的人。

孩子需要的是阳光、空气、水分，而不是温室，更不是成人的捆绑。所以，当孩子在拆大价钱买的新玩具、在泥坑里玩泥巴、在草丛中挖蚯蚓时，请不要怒不可遏，更不要阻止他们。此时作为父母，要做的仅仅是在一旁默默地看着孩子享受那份自由和快乐的时光，不要担心孩子会把玩具弄坏、把衣服弄脏，因为父母的一点点小“放纵”，会让他们在探索世界的冒险中学会思考，这才是他们成长之路上不可或缺的财富。

不做孩子的参天大树，给他足够的成长空间

大自然有一种神奇的现象：在阳光下自由成长的小树，能够承受猛烈的风吹雨打，最后长成一棵茂盛的参天大树；而在参天大树下成长的小树，虽然不用经受风吹雨打，但怎么也长不成一棵大树。

对孩子来说，他们的成长过程也如大树的成长过程一样，一味地庇护孩子，为孩子遮风挡雨，永远不能让孩子成长，或是稍经风雨，就会承受不住。只有给孩子足够的成长空间，经历他每个阶段必须要经历的，他才会从一棵脆弱的小树苗成长为一棵参天大树。

宽宽是一名九岁的小男孩，学习成绩一直名列前茅。因为他将自己的学习时间规划得非常好，以至于宽宽的妈妈从来没有担心儿子的学习成绩。可是最近，宽宽妈妈有了担忧与烦恼，那就是宽宽迷上了电脑。

从前，妈妈为了防止宽宽迷上电子产品，就没有买电脑，平常工作如果需要电脑的话，就去单位。可最近，宽宽爸爸的工作太多了，经常在单位加班到一两点钟，饮食也非常不规律。别无他法，宽宽妈妈购置了一台新电脑，方便宽宽爸爸在家工作。

宽宽平常很少接触电脑，家里多了一台电脑后，他就像发现了新大陆一般，一有时间就用在玩电脑上。有时候，他还会神秘兮兮地将书房的门关上。有一

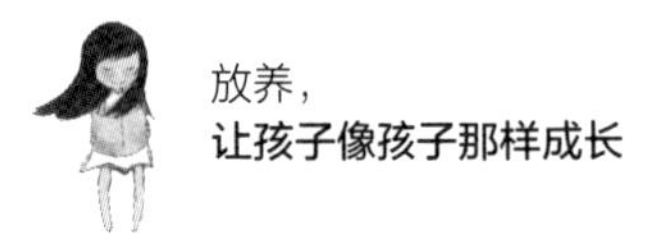

回，宽宽妈妈故意去书房送水果给宽宽吃，她发现宽宽在玩QQ，与QQ上的好友聊得不亦乐乎。

这让宽宽妈妈更担心了，不禁对宽宽爸爸提议："我看你还是继续回单位加班吧！你瞧，孩子完全被电脑迷住了。"说完，又叹了口气说，"现在很多孩子沉迷网络，宽宽似乎正在往网瘾少年方向发展。"

宽宽爸爸听后，哭笑不得，他劝慰说："不就是玩了一会儿电脑吗？怎么就往网瘾少年方向发展了？"

宽宽妈妈皱着眉头说："就算还没有成网瘾少年，但现在网络中那么多迷惑，坏人那么多，孩子说不准就被带坏了。就前两天，我还看到儿子聊QQ，还开了语音说话呢！"

宽宽爸爸见宽宽妈妈实在担心，就主动提出要打探一下孩子用电脑在干些什么。就在当天晚上，宽宽爸爸见宽宽又在玩电脑，便走进了书房。他笑着对宽宽说："儿子，你老爸用电脑工作这么多年，至今还不知道怎么用QQ加好友，你能教教我吗？"

宽宽不禁好奇地问："爸爸也想上网聊天吗？"

宽宽爸爸说："是的。现在是网络时代，不出门就能广交天下好友，我也想在网上交一些朋友。"

宽宽听后，人小鬼大地说："爸爸，交朋友可以，但你要知道网络里有好人也有坏人，而那些坏人会伪装成好人，就算你有火眼金睛，也很难辨别出来。"

"那你与网络好友聊天，可以辨别出对方是好人还是坏人吗？"宽宽爸爸感兴趣地问。

"我辨别不出来，所以我没有加网友。我只加了一个英语学习的兴趣群，这个群里的好友会聊一些学习英语的方法和技巧。经过一段时间的交流，我觉得英语水平提高了很多。"宽宽说。

这下子，宽宽的爸爸妈妈弄清楚了宽宽每天用电脑都干些什么了，而宽宽妈妈的担忧也随着宽宽下一次的考试成绩而消失了。因为宽宽进步了很多，尤其是英语，居然考了满分。

不可否认，网络中有太多的诱惑，匿藏了很多坏人，但现在是网络时代，一味地不让孩子接触电脑或其他电子产品，只会让孩子跟不上时代的发展。再者，不只是网络，现实生活中也存在着许多不安定的因素。现在将孩子保护得密不透风，以后让孩子怎么在社会上立足呢？只有让孩子正面面对，他才会知道好与坏，即使吃亏了，也能吸取到教训，总结出经验。

有一则非常有趣的小故事，说的是有个人想在井里提一桶水。水桶太满太重，拉上一点，又落下去一点，如此反反复复。这人精疲力竭，但又不想放手，便无奈地对水桶说：“桶啊桶，你为什么不肯上来呢？”水桶说：“我太重了，怎么能上得去？”这人委屈地说：“我只是想让你快点上来啊。”水桶也很委屈地说：“我装了这么多水，晃晃荡荡的太不稳了，怎么能怪我呢？”这人想了一番，发现水桶说得很有道理，于是他倒掉了水桶中一半的水。这一次，他很轻松地拉上来了。这样，人不累，水桶也为不再有太重的负担而高兴。

其实，我们的孩子就像这则小故事中的水桶，我们平时对孩子的限制与把控就像是水桶里的水。如果给孩子盛太多的“水”，不仅孩子会累，我们也会累。教育孩子就像放风筝，线越长，风筝才会放得越高；线越短，风筝飞得就越低。然而，高处的风往往比低处大，放得越高才越不容易掉下来。

可见，经常将孩子护在我们的羽翼下，并不是对孩子的保护，而是在他们的身上安了一颗定时炸弹，稍微遇到一些挫折，这颗炸弹就会爆炸，让孩子遍体鳞伤。反过来，父母给予孩子足够的成长空间，让孩子独自面对大大小小的困难，那么以后遇上大困难，才会有更大的勇气去面对，用以往解决小困难的经验去解决大困难。此外，给予孩子足够的空间，不仅能使孩子的心态积极向上，还能开

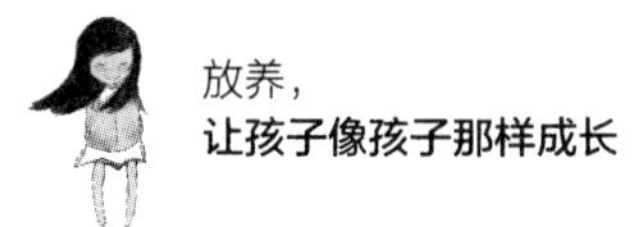

阔孩子的眼界。

成年人尚且需要属于自己的空间，生性无拘无束的孩子更需要属于自己的小天地。作为父母，我们应该尊重孩子、信任孩子，给予孩子足够的成长空间，不做他们依赖的大树。

做开明父母，让孩子自由呼吸

“妈妈，你居然偷看我的日记！你就是一个小偷！”

这一天，兜兜家爆发了一场“世纪大战”，原因是兜兜的妈妈偷看了兜兜的日记。

兜兜读小学四年级，前几天，班里转来了一位同学。这位转学生是个小女孩，不仅可爱，而且还多才多艺，班里的同学全都喜欢她，调皮捣蛋的兜兜也不例外，他也非常想和新同学做朋友。那天，兜兜回到家后，就将新同学的事，以及想和新同学做朋友的想法写进了日记本里。

隔天吃晚饭时，妈妈突然问起了兜兜新同学的事。兜兜很疑惑，妈妈怎么知道班里转来了新同学？他记得没有告诉过妈妈。于是，兜兜就质问妈妈是不是翻看了他的日记本。但兜兜妈妈否认了，说是从家长聊天群里得知的消息。

因为没有证据，兜兜便没再说什么，只是在他的心里埋下了一颗怀疑的种子。所以，此后每一次写完日记，他都会在日记本中夹上一张纸条，纸条上写着：“妈妈，我在日记本中夹了一根头发。如果头发不见了，说明你偷看了我的日记。”事实上，兜兜根本就没有在日记本中放头发，目的就是为了试探他的妈妈。

就在今天，兜兜突然发现自己的日记本中多了一根头发。这让兜兜知道，妈妈看了他的日记，才有了之前的一场“世纪大战”。

说起兜兜的妈妈，她对兜兜的掌控欲很强，很想知道孩子在学校发生的每一件事，所以她常常偷偷地看兜兜的日记。今天，她趁孩子出去玩时，又把孩子的日记本翻了出来。看到日记本中夹着的纸条后，翻了好长时间日记本都没有发现头发。她就想，可能是她不小心将头发弄丢了，便拔了自己的一根头发放在了日记本里。

听到兜兜的质问后，兜兜妈本能地抵赖，她说：“兜兜，妈妈没有看你的日记，你看，你日记本中的头发还在。”

“我根本就没有放头发在日记本里，我是故意那么说的。现在日记本里多了一根头发，就证明你偷看了我的日记。妈妈，你真讨厌，我不再喜欢你了。”兜兜说完，哭着跑回了房间。

兜兜妈妈听完兜兜的控诉后，心里难受极了。等兜兜爸爸回来后，兜兜妈妈失魂落魄地告诉了他今天发生的事。

兜兜爸爸公正地说：“这一次，我要站在兜兜这边。先不说偷看日记本来就是一种不好的行为，再者，你这样做其实也是对兜兜的不信任、不尊重。我们作为父母，关心孩子、了解孩子无可厚非，但也要明白，孩子是一个独立的个体，他们需要隐私与自由。如果想了解孩子的情况，可以直接去问，而不是偷看他的日记。”

“那现在该怎么办呢？”兜兜妈妈知道错了，很后悔偷看孩子日记的行为。

兜兜爸爸说：“当然是向兜兜道歉，并保证以后不再看他的日记了呀！”

就这样，兜兜妈妈向兜兜道歉，并很严肃地保证以后尊重兜兜的隐私。兜兜看妈妈的道歉非常真诚，最后选择了原谅。这一场“世纪大战”，也画上了一个圆满的句号。

在现实生活中，一定不缺乏如兜兜妈妈一样的父母，为了了解孩子在学校发生的事，选择偷看孩子的日记，或是得知孩子对异性同学非常上心，就去干涉、制止，剥夺孩子交友的权利。殊不知，这样步步紧逼的行为就像一根无形的绳索，狠狠地勒在孩子的脖子上，让孩子难以呼吸。而孩子在窒息之际，他们会本能地去反抗，去挣断脖子上的绳索。这也意味着，孩子与父母之间矛盾的爆发。

观察我们身边的每一对父母，那些与孩子相处融洽、亲子关系极好的父母，都是非常开明的父母，他们给予了孩子足够成长的空间，从不去规划或掌控孩子，让孩子自由自在去成长；而那些与孩子相处有隔阂、亲子关系淡漠的父母，都是顽固、守旧、激进的父母，他们会根据自己的经历，规划好孩子往后要走的每一步，甚至掌控孩子的每一件事，让孩子在他们规划出的一番天地里成长，呼吸着让人窒息的空气。

父母是孩子最想亲近的人，当孩子的思想不被外人认可，他们不会伤心难过，但不被父母所认可，却会伤心，那是因为孩子将父母放在了心上。作为父母，我们最大的职责是让孩子开心快乐地成长，要给予孩子自由呼吸的权利。因此，我们应该学会做开明的父母。

那么，父母如何做才算开明呢？答案是让孩子自己支配他们的童年时光，将孩子放置在野外，让他们自由成长。也就是说，当孩子跌倒了，我们不要立刻去扶他们，而是要在一旁鼓励他们站起来；当孩子遇到困难，不是对孩子伸出援助之手，而是鼓励孩子拿出面对困难的勇气，引导孩子思考出解决困难的方法；当孩子心里有烦恼了，不是强迫孩子说出来，而是要耐心等待孩子主动对我们说；当孩子有了小秘密，要选择尊重孩子的秘密，而不是想方设法套出孩子的秘密。

每一个孩子的性格发展、能力发展与他所处的环境息息相关，父母只有给孩子提供一个轻松快乐的环境，孩子才能自由发展、全面发展。而能提供这样的环境的前提是，父母要开明。

Chapter 2
温室里长不出参天大树，最好的养育是将手放开

爱孩子是父母的天性。但如果仅凭本能去爱，百依百顺或有求必应，那么有一天你会发现孩子那么脆弱，那么骄纵，那么叛逆，最终会变得难以适应环境……

温室里长不出参天大树，成长的本质是孩子的自我成长，这是父母渐渐放手的过程。所谓放养就是把手放开，相信孩子，也相信自己。

别把孩子当成易碎的玻璃和易化的糖

在某一片戈壁滩上，生长着两棵小树。

一棵树被主人照顾得十分精细，主人经常给它浇水、松土、施肥。为了更好地保护这棵树，主人还在旁边搭建了一个小亭子。而另一棵树却没那么幸运，主人只是隔三岔五地才想起来给它浇水、松土、施肥，并任其被风吹日晒。看起来，两棵树都长得还不错，郁郁葱葱、枝繁叶茂。

一天夜里，忽然狂风大作，整片戈壁滩都被大风席卷了，直到第二天风才停。这时候，两棵树的主人都来看他们栽的小树。让他们惊讶的是，两棵树居然有了非常明显的差别：被精心照顾的小树被大风连根拔起倒在地上，而另一棵小树则依然挺拔地竖立在戈壁滩上，只是被风刮断了几根小树枝。

看了这个故事，或许作为父母的你有些困惑：为什么同样枝繁叶茂的树会有如此的不同呢？为什么悉心照顾的树木会更容易被摧折呢？

这是因为，被照顾得细致入微的小树，不用费什么力气就得到了水分和肥料，根就不会向深处扎。而那棵被照顾得“不那么好”的小树，为了生存下去，就只好把根扎得更牢固、更稳当，只有这样，它才能得到足够的水分和养分。这个道理，是不是也适合父母们对孩子的养育呢？

面对一个幼小的生命，从呱呱坠地到蹒跚学步，再到欢蹦乱跳以至自己上下学，作为父母，看着一天天长大的孩子，万千欣喜萦绕心头。带着这份欣喜，我们爱孩子的心也越发“膨胀”起来，对孩子无微不至地照顾，冬天怕冻着，夏天怕晒着，凡事能不让孩子动手就不动手，一切事情大包大揽……

每个父母都是爱孩子的，然而这些父母不清楚，如此对待孩子已经远远超出了正常的爱的范畴，属于溺爱了，这种养育方式只会让孩子失去自己独立做事的机会，各方面的能力得不到锻炼，是扼杀孩子生存本领的罪魁祸首。这就如同一棵永远也长不大的嫩苗，经不起风雨，经不住考验，更谈不上成才和成功。

团子是全家人的宝贝疙瘩，从小衣来伸手、饭来张口，在妈妈营造的“蜜罐”里长大。团子的衣服脏了，本来自己可以洗，而妈妈却赶紧制止，并马上帮着洗干净。就连团子吃个苹果，妈妈都要事先削好果皮，切成小块放在盘子里……看到妈妈每天忙前忙后，有时团子也想帮帮忙，这时妈妈又会说：“你的任务就是学习，这些小事情，还是妈妈来做吧！”在妈妈无微不至的照顾下，团子过得非常开心。可升入小学后第一天，团子却哭闹着要休学，这是怎么回事呢？

原来，团子上的是当地一所最好的小学，学校要求全部学生都要住校，团子自然也是其中一员。在学校寄宿，每天早上叠被子、穿衣服都是最基本的要求，但是团子在家除了学习什么事情都不做。没有了家人的照顾，团子一下子不知道该怎么办，被子叠得乱七八糟，衣服的扣子也扣错了。同学们一看，笑着说：“哈哈，团子是个除了读书什么都不会的智障，就是一个学习机器。”

面对同学们的嘲笑，团子又气愤又羞愧，一直哭闹不止。老师及时通知了家长，妈妈急忙赶到学校，她也是第一次看到团子的衣服穿得乱七八糟，嘴上一边数落着，一边伸手想帮团子系扣子，可是团子却突然后退，对妈妈说：“都怨你，我什么都不会做。是你害了我，害我被同学们嘲笑……”

听到团子的话，妈妈愣在那里……

看完这个故事，再对照一下过度保护孩子的父母们，我们会发现，为孩子做

得越多，对孩子越不放手，孩子越不领情，也越让你操心。

这是因为，随着孩子的逐渐长大，他们的自我意识有所增强，就会渴望摆脱大人的摆布和干涉，并且希望像大人那样承担一定的义务，自己的事情自己做，成为一个自信而有力量的独立自主的人。这个时期，如果对孩子过于溺爱，什么事都替他做，反而会造成孩子的依赖性和叛逆性。

那么，什么是给孩子最好的养育?

意大利著名儿童教育家蒙泰梭利曾说过：“教育，首先要引导儿童沿着独立的道路前进。”渴望“独立”是人的天性，更是孩子成长的目的之一，也是成长的必要条件。所以，作为父母，在养育孩子的过程中，不要压抑孩子独立性活动意向，更不必把孩子当成易碎的“玻璃”和易化的“糖”而小心翼翼地捧着，而应该让他们做一些力所能及的事，培养他们的独立自主性。

学会放手，鼓励孩子“自己来”

一位西方教育家说过这样一句话：“凡是儿童自己能做的应该让他自己做。”

培养孩子独立自主性的要诀之一，是放手让他们自己动手，根据年龄适当独立打理自己的生活，如上幼儿园时自己刷牙、穿衣服、系鞋带等；二、三年级开始学做饭、整理自己的房间、洗衣服等。放开孩子的手，给孩子创造自己照顾自己的机会，形成一种“自己的事自己做，大人的事帮着做，不会的事学着做”的意识。通过实践，孩子也能够提高能力，积累经验，同时也积累自信。

赋予信任，相信孩子能做好

很多父母虽然放手了，但仍旧不放心，这样孩子也无法真正地相信自己，还是会依赖父母。所以当真正放手时，不要用怀疑的眼光看孩子，真的相信他，尝试利用短语来鼓励孩子，类似“你可以自己做到！”“我相信，你一定不会让我失望”，来自父母的信任定能让孩子放开手脚去做事，逐渐脱离父母。

比如，如果孩子要去洗碗，那么不要担心他洗不干净，或者弄湿衣袖，而只需在一旁观察，给予鼓励并加以指导，让他自己练习就可以了。

每个人都是独立的生命个体，松开保护孩子的臂膀，让孩子用自己的脚去走路，用自己的翅膀去飞翔……你会发现，孩子实际上并没有我们想象得那么脆弱，他们会自然而然地成为独立、顽强、负责任的好孩子。那时，孩子肯定不是易碎的玻璃和易化的糖，而是一块历经磨炼的“顽石”。

爸妈会示弱，孩子才会更强大

人们常说“虎父无犬子”，可在生活中“虎父”却多“犬子”。在孩子眼中，父母越强大，越无所不能，他们对父母的依赖也就越强烈。这是因为，正是父母的强大，让孩子觉得自己什么也不用做，父母自然就会帮助自己解决，觉得自己非常渺小，做什么也没有父母做得好。慢慢地，在强大的父母面前，孩子就越来越无能，越来越“渺小”了。

而懂得适当地向孩子示弱，给孩子一定的自主权，激发孩子的动手能力、尝试能力，反而可减弱孩子对父母的依赖，成就他的“强大”、自信和勇气。这，才是父母对孩子真正的爱，才是身为家长的智慧之爱。

最近，有一档明星亲子互动的综艺节目《妈妈是超人3》受到了广大父母的普遍关注，其中霍思燕和儿子嗯哼的互动最令人深思。很多妈妈在看节目的时候，都会羡慕地说：“霍思燕被嗯哼宠成了小公主，真是让人羡慕嫉妒恨啊！”“霍思燕真是上辈子拯救了银河系，才拥有了宠妈狂魔嗯哼大王，才能这样被儿子捧在手心！”

没错，别看嗯哼只有五岁，可十足一个小男子汉的样子，勇敢、坚强，时刻把妈妈呵护在手心。虽然他时而有些任性、霸道，但是却懂得爱妈妈、关心妈妈，随时随地都向妈妈表达自己的爱意。而这完全取决于霍思燕的日常教育。在家里，霍思燕和嗯哼就像很好的朋友，平等而又自由；母子两人亲密无间，会一起玩游戏，会分享开心或者难过的事情。最重要的是，霍思燕与其他妈妈完全不一样，她在孩子面前不是“超人”，而是一个“娇弱”的“女孩子”，时常向嗯哼示弱，向嗯哼撒娇。

在接受采访的时候，霍思燕也非常大方地透露了自己的“育儿心得”：“我时常故意在儿子面前撒撒娇、服服软，遇到问题的时候就说‘哎呀，这个我不行，你需要帮助妈妈。’‘啊，这个我不敢！’然后，他就会像个小男子汉一样，帮助我，保护我！”

事实确实也是如此，看看那些暖心的画面吧！

霍思燕不敢玩滑梯，嗯哼就勇敢地带着她玩，教她闭上眼睛，勇敢一些；攀岩的时候，霍思燕害怕得大叫，嗯哼就鼓励她，告诉她“坚持就是胜利”；有危险的时候，嗯哼害怕妈妈会受伤，便像个霸道小总裁一样叮嘱妈妈：“你不能把脚放在那里，你会受伤的！”然后再小心翼翼地教妈妈如何做。

在妈妈累的时候，他会亲自帮妈妈洗脚，心疼妈妈的脚被磨破了；当妈妈想要摸摸他的时候，他会主动地把小脸伸过去，享受妈妈的爱抚。

在节目的最开始，节目组给嗯哼的任务是把妈妈打造成超人的形象，而嗯哼却非常认真地说：“我不想让妈妈当超人，因为那样会非常辛苦。”

当霍思燕问他“你觉得妈妈应该穿什么”的时候，这个小勇士回答说：“漂亮裙子、项链、耳环、像公主那样的皇冠。”

凡是身为父母的人都想成为最强大的人，好保护和照顾自己的孩子。而无数妈妈也把“女本柔弱，为母则刚”这句话当作了箴言，自愿地或是被周围人逼成了“超人”，让孩子觉得没有妈妈搞不定的事情。

可霍思燕这个“不合格”“没有获得满分”的妈妈，却在与孩子的相处中收获了更多的爱和甜蜜，让孩子变得更加勇敢，有自信，有责任心，且内心更强大。

这种该“示弱”就“示弱”的独特教育方式，让孩子知道妈妈也有脆弱的时候，也需要小小的他来关心和照顾。这样一来，孩子的内心就不会只有自己，从而变得越来越任性自私；让孩子知道妈妈是爱他的，而他也要爱妈妈，不要让妈妈太操心，要心疼妈妈；让孩子学会自立自强，帮助妈妈做一些力所能及的事情；让孩子学会勇敢和责任，随时做一个合格称职的小男子汉，保护自己的妈妈。

霍思燕是聪明的，因为她懂得这样的道理——虽然我是孩子的妈妈，却不能没有限度地对嗯哼表达自己的爱意，否则孩子永远也长不大。只有自己在恰当的时候懂得向孩子"示弱"，孩子才会逐渐强大。

相比之下，身边很多父母却并没有这样的智慧，他们恨不得每天跟在孩子后面，为孩子包办所有的事情，帮助孩子解决所有的问题。于是，在孩子眼中，爸爸妈妈是非常强大的，仿佛超人一样可以帮助自己解决所有问题。

这些孩子从来就没有感受到父母的付出有多不容易，更觉得父母是不需要心疼的，甚至还会对父母的付出产生排斥、对抗和嫌弃的情绪。一位妈妈就是如此，她自己染上了严重的流行感冒，可为了照顾孩子，还要强撑着给孩子做饭、送孩子上学。结果呢？孩子一边吃着妈妈做的早餐，一边却埋怨妈妈煎的鸡蛋糊了，豆浆没有加糖。

有的孩子则是因为父母太强势了，什么都帮着自己干，结果导致自己什么都不会，并且越来越缺乏责任感。而对孩子过度照顾和保护，只能让孩子变得软弱无能，失去自由成长的空间。

著名家庭问题专家史蒂夫·比达尔夫在《养育男孩》这本书中就指出，6—13岁是男孩尝试成为男人的时期，父母越是懂得示弱，男孩获得锻炼的机会就越多，能力就越强。当然，我们知道，这并不仅仅局限于男孩。

所以，父母们就算再坚强、再能干，也不能在孩子面前当超人，而是应该适当地示弱，给孩子一个机会。

孩子的零花钱，让他自己去赚取

在孩子七八岁之前，父母是很少给孩子零花钱的，但是却会尽量满足孩子的要求——孩子想要买什么，父母就毫不犹豫地给孩子买。等到孩子稍微大一些的时候，父母就开始尝试给孩子零花钱，让他们可以自由地买自己需要的东西。

而很多父母生怕孩子受了委屈，便无节制地给孩子零花钱。即便是很多并不富裕的家庭，也绝不会在孩子的零花钱上有所吝啬。结果，在这种情况下，很多孩子对于金钱没有任何概念，只知道向父母要钱，甚至养成了一掷千金、挥霍无度的坏毛病。

明明家是做生意的，爸爸开了一个不小的公司，所以在钱这方面父母从来没有亏待过明明。从小到大，明明都是用最好的、吃最好的、玩最好的，只要他开了口，父母不管花多少钱都会满足他。

可在明明十三岁那年，爸爸生意失败了，公司面临着倒闭的危机，家里的经济也开始变得紧张起来。他们从之前的别墅区搬到了普通住宅区，衣食住行的开支也开始有了很大的缩减，就连爸爸平时开的车也换成了普通车。

然而，花钱大手大脚惯了的明明却根本没有这个意识，仍张口闭口跟爸爸妈妈要钱，不是想买名牌足球鞋，就是想要吃海鲜大餐。

一天，明明从学校回到家之后，就对爸爸说："爸爸，这个周末是我好朋友

的生日，我想给他庆祝庆祝，您给我1000元钱吧！”

明明的话让爸爸非常错愕，他知道家里经济紧张，竟然还要给朋友庆祝生日，真是太不懂事了！于是，爸爸对明明说：“明明，你也知道，爸爸的公司遇到了困难，我们家不如从前了，哪还能任你挥霍啊！再说了，你想给朋友过生日，简单庆祝一下就可以了，为什么要花这么多钱呢？”

谁知明明对爸爸的话却不以为然，反而生气地说：“我不管，你必须给我钱！我已经答应朋友了，如果反悔的话多丢人啊！再说，这1000元钱并不多，你怎么会拿不出来？”

听着明明不仅不体谅父母的苦衷，还理直气壮地要钱，做父亲的只能唉声叹气地感慨：如果自己当初能够给予孩子正确的教育，控制孩子的零花钱，不任其挥霍，那么就不会出现现在这样的局面了。

没错，这一切其实都是父母一手造成的。他们没有及时对孩子进行适当的理财教育，没有让孩子知道金钱获取的不易，所以明明才不懂得珍惜。事实上，现实生活中，像明明爸爸妈妈这样的父母并不在少数，而和明明类似的孩子也不在少数。

不少父母觉得孩子小，没有必要对其进行金钱教育，也没有必要在金钱上有所亏待。可事实证明，这种想法是非常错误的，在孩子年龄尚小的时候，不能正确地认识金钱，珍惜和尊重父母的劳动，并且养成节约的习惯，那长大之后也很难形成良好的习惯和品质。

作为父母，我们要教会孩子适度地花销，学会自己赚取零花钱。比如，父母可以让孩子通过做家务、帮助父母处理问题的方式来赚取零花钱。等孩子到了十二三岁的时候，父母还可以让孩子走出去，寻找一些发传单等简单工作来让孩子赚取一定零花钱。

尽管这些都是非常简单的事情，可是，孩子却可以通过自己的劳动来挣得属于自己的钱。更重要的是，他们不仅可以体会父母的辛苦，理解金钱的来之不易，还可以潜移默化地培养经济头脑。

十一岁的美美非常喜欢摄影，不久前还参加了学校组织的摄影沙龙。对于孩子的这个爱好，妈妈是非常支持的，可当美美要求妈妈给她买一个专业相机的时候，妈妈却拒绝了。

妈妈郑重地对美美说："你想参加摄影沙龙，我是非常支持的，可是这属于你自己的爱好，就应该自己承担相应的费用。"

听了妈妈的话，美美不满地说："妈妈，我没有钱了！去年的压岁钱，我早就花光了！"

妈妈笑着说："没有关系，你可以自己赚钱啊！"

美美着急地说："怎么赚钱？"

妈妈温和地诱导说："你现在已经长大了，可以做一些事情了！当然，你也可以帮妈妈做一些家务或是简单的事情！不如这样，从今天起你就做我的助手吧！我每天都会擦地板，如果你能够做这个事情，我可以每天给你2元钱；我有时会把资料拿回家整理，如果你能帮助我把它们装订好，我每次可以给你10元钱。当然还有帮爸爸妈妈擦皮鞋、拿快递……"

妈妈说完之后，美美说："可是我们过几天就出发了，我根本来不及赚那么多钱啊！那个相机需要几千元呢！"

妈妈轻松地说："这很简单，我可以先借给你钱，然后你赚钱之后再还给我！"

美美痛快地答应了妈妈的要求，虽然这期间她还有不适应，但还是坚持了下来。由于她知道这相机的来之不易，所以每次参加活动的时候都非常积极，想要拍出更美丽的照片。而从那之后，妈妈也改变了教育方式，不是直接给她零花钱，而是让孩子通过自己做事来赚取。

当然了，我们让孩子自己赚钱，关键是让孩子知道金钱的来之不易，避免孩

子养成不劳而获的心理，同时通过这种手段来锻炼孩子做家务、动手的能力。所以，我们要给予孩子正确的引导，避免让孩子产生“做家务就是为了赚钱”“不给钱，就不做家务”的想法。

孩子的勇敢都是父母给的

很多时候，如果父母不能对孩子放手，让孩子大胆地去尝试，那么培养出来的孩子就不可能勇敢。所以，父母们要首先勇敢一些，让孩子走出温室，多到外面去闯一闯。遇到了高山，父母要鼓励孩子大胆地爬过去；遇到了河流，父母应该激励孩子勇敢地蹚过去；即便是遇到了困难和危险，父母也不能因为担心孩子的安全，而把孩子护在臂膀之下。只有让孩子勇敢地去闯，才能锻炼孩子的勇气，最后孩子才能真正地闯过去。

这个道理似乎非常浅显，很多人也都明白和理解。可等自己当了父母之后，他们就没有办法做到了。在孩子很小的时候，他们并不希望孩子有“胆识”，并不希望孩子太能“闯”，因为这样就意味着孩子“野”“调皮”“冒险”，容易遇到这样那样的危险，甚至给自己带来伤害。于是，这些父母小心翼翼地保护着自己的孩子，不让他们爬高、跳远，不让他们独自去尝试，更不会让他们做危险的事情。

这样的孩子确实不会遇到危险，也不会受伤，可这种过度的保护让孩子没有了锻炼的机会，失去了冒险的勇气，甚至连自信和自立都丧失了。而我们不得不承认，随着孩子一天一天地长大，勇敢对于他们来说是非常重要的。适当地给孩子勇气，让他们勇敢地去冒险，才能让孩子更好地成长。

玉秀的孩子已经五岁半了，可自从出生以来，就没有离开过她的视线。平时，玉秀也只是带孩子到小区公园玩一玩，却不让他玩那些体育器材。她总是小心翼翼地保护着孩子，生怕孩子到处疯跑，遇到什么危险的事情。

前些天，玉秀的大学同学约她带着孩子到水上公园玩，两个年纪差不多的小家伙一碰到一起，立即就撒开了欢儿。同学的儿子显然是常出来玩，到了公园就兴奋起来，一会儿要玩充气堡，一会儿要玩迷你过山车。而在小伙伴的带领下，玉秀的儿子也活泼了很多。

玩充气堡的时候，两个孩子脱了鞋子就跑了进去，在里面又蹦又跳，还高兴地去爬最高的城堡。

由于充气堡不允许大人上去，玉秀就只能在边缘焦急地呼喊着孩子："轻点跳，不要摔了自己！""不要爬太高，小心摔倒了！"看到孩子想要从充气堡的滑梯上往下滑时，玉秀立即紧张地说："宝贝，你可要小心啊！这实在太高了！"

看着玉秀紧张的样子，同学笑着说："这很安全的，你完全没有必要这么紧张！"

可玉秀还是不放心，一边紧张兮兮地盯着孩子，一边对同学说："我家孩子从来没有到处跑过，更没有爬那么高过。我担心他害怕，担心他出现危险！"

同学则不以为然，说："你不觉得男孩子就应该这样吗？在他的成长过程中，只有我们放手，让他自己去冒险、去尝试，孩子才能变得越来越勇敢。如果所有的父母都像你这样，那孩子们恐怕就只能待在家里了，不敢做这个不敢做那个。"

看玉秀陷入了沉思，同学继续说："我们都希望孩子勇敢、有胆识，可这都是父母给予的。只有我们锻炼孩子的勇气，给他们大胆去做的机会，他们才能变得越来越勇敢。一旦我们害怕这个担心那个，那么孩子也会被恐惧占据内心，变成一个胆小懦弱的人。"

同学的话让玉秀终于想明白了，知道自己对孩子的保护和关心都太过了。之后她也学起了同学的样子，让孩子自由地玩耍。结果在水上公园那一整天，孩子享受了从来没有过的快乐，他们爬假山、坐飞机、玩旋转滑梯……

开始的时候，小家伙还有些害怕，必须要求妈妈陪伴。可在小伙伴的引导下，他开始以勇敢者的姿态来玩耍，大胆地尝试自己从来没有接触过的游戏。

达尔文说："我必须承认，幸运喜欢照顾勇敢的人。"每一个孩子都不是天生的勇敢者或是懦弱者，重要的是父母如何去培养，如何去引导。所以，爱孩子就不要让自己的爱扼杀孩子的勇敢，就不要对孩子过度保护、过度限制。我们要锻炼孩子的勇气，让孩子变得更加勇敢，战胜内心的恐惧；我们要给孩子机会，让他勇敢地去尝试，大胆去冒险。

选择，是孩子自己的事情

把孩子的事情安排得妥妥当当，这好像是中国父母最愿意做且感到最骄傲的事情。可是，父母是否意识到，这样一来孩子失去了选择的机会，失去了体验人生的机会。

事实上，选择是每个人的权利，孩子也是如此。在成长的过程中，让孩子对自己的事情做出选择，不管是大事还是小事，都可以锻炼孩子的判断能力和决策能力，激发孩子的独立性和自主性。

所以，我们要让孩子学会选择，更重要的是要放开孩子的手，给予他们选择的机会和权利，而不是自作主张地粗暴干涉。这才是他们成长的必修课，这才是父母真正爱孩子的表现。

北北已经上高一了，下学期就面临着分班、文理分科的选择。面对这个问题，北北有些不知道怎么办才好，于是就问妈妈："妈妈，我们就要分文理班了，你和爸爸希望我选择文科还是理科？这直接关系到我将来上大学的时候，是学理工还是学文史。"

妈妈没有直接回答北北，而是握着他的手，郑重地问道："你自己喜欢文科还是理科？"

北北想了想，说："我的文科比较好，语文、历史的成绩都非常不错，可是我还是喜欢理科，尤其是物理。而且我觉得男生还是学理工科比较好，将来有很好的就业形势。”

听了孩子的话，妈妈感到非常欣慰，便说道：“那么，你就自己做出选择吧！”

北北没有想到妈妈会这样说，惊讶地看着妈妈。妈妈继续说：“北北，这次的选择关系到你的一生，所以我们决定尊重你的意见，让你自己做出选择。以前很多事情，爸爸妈妈都帮助你选择了，但是这一次不同了，因为你已经长大。只要你经过了仔细的思考，不管你做出了什么样的选择，爸爸妈妈都会支持你。”

妈妈的话让北北得到了极大的鼓舞，因为在之前的生活中，妈妈似乎很少给自己选择权，尤其是在关乎学习的大事上就更是如此了。而经过了认真的思考，北北也根据自己的喜好选择了理科，之后学习更具有自主性和积极性。

或许很多家长会质疑，北北的父母是不是太盲目、太不负责任了，竟然把这么重要的选择交给了孩子。可我们不得不承认，北北的父母是明智的，他们纠正了之前替孩子选择、干涉孩子选择的错误方式，把一些关于孩子自己的重大事情交给他自己去选择。事实上，这样的做法对于孩子的成长是非常有利的，它意味着父母已经直接向孩子表明：“我尊重你的选择”“我相信你”。如此一来，孩子的自信心会受到巨大的鼓舞，并且让孩子从小就成为具有较强决断能力的人。

可遗憾的是，我们身边的很多父母却习惯了为孩子做决定，不给孩子任何选择的机会。别说关系到孩子人生的重大事情，就连一些生活中的小事，他们都会盲目地代替孩子做出选择，从来不顾及孩子的想法和感受。

看看餐厅中的这位母亲吧，就连孩子想要选择水果沙拉还是三明治的权利都被剥夺了！

餐厅内，一位年轻的妈妈带着可爱的女儿来用餐，服务生先问这位母亲点什么，她回答说：“我要一份三明治，谢谢。”

随后，服务员又问坐在一边的小女孩：“小美女，你想要吃点什么？是三明治，还是水果沙拉？”

小女孩儿非常有礼貌地说：“我要水果沙拉，谢谢你。”

可这位母亲却打断了女儿的话，坚决地说：“不可以，你今天不能吃水果沙拉。”然后回过头来，对服务员说，“给她来一份三明治，然后再加一点生菜。”

然而，服务员并没有离开，而是微笑地看着小女孩儿，问道：“那你喜欢什么水果呢？”

小女孩儿怯生生地看了母亲一眼，回答说：“我喜欢西红柿、苹果、香蕉，还有甜味的沙拉酱。”

见女儿竟然不听自己的话，母亲的脸色立即变得难看起来，说：“你今天不可以吃水果沙拉。为什么不听话呢？”

服务员见此情景，连忙劝说道：“女士，我们为什么不听听小美女的意见呢？毕竟吃东西的是她自己，选择也应该是她自己的事情……”

可服务员还没有说完，这位母亲便严词拒绝道：“这是我们自己家的事情，请你不要太多话！你的工作就是做好服务！”

这位服务员见此只能摇了摇头，径直走进厨房，而小女孩儿之后一直低着头吃着三明治，早已经没有之前的愉快心情。可以想象，这位母亲给予女儿的是什么样的教育，她连让孩子自由选择食物的权利都剥夺了，又怎么能给孩子平等和自尊呢？

不管孩子年纪是大是小，选择，都应该是他们自己的事情。哪怕他们的选择是错误的，父母也应该给予合理的引导，而不是不管三七二十一地彻底剥夺了孩子的选择权。

比如孩子是愿意练习书法，还是愿意去上钢琴辅导课；假期时，孩子是愿意去旅行、到老家体验生活，还是补习功课；高中时，是选择文科还是理科。这些关乎孩子自身生活、学习乃至人生大事，父母都应该放手，让他们自己做出选择。

即便是给孩子买玩具，是买芭比公主还是米妮；周末的时候，是去海洋馆还是科技馆；下雨时，孩子是打伞还是穿雨衣，这些小事，父母也应该尝试着让孩子自己做主。就算是孩子选择错了，家长发现了有不妥的地方，也绝不可以滥用自己的权威，强迫孩子做他们不愿做的事。

只有尊重孩子的选择，让孩子选择自己喜欢的，孩子才能获得自尊、自信，以及足够的勇气。也只有这样，孩子才能慢慢地成长，长成参天的大树。

“摔打”中成长，孩子越来越坚强

哲学家、教育家卢梭在《爱弥儿》中是这样描述孩子的成长的：如果孩子摔倒了，磕了脑袋，或是鼻子被碰出了血；或是手指被划破了，膝盖被磕伤了，我是不会大惊小怪、惊慌失措的。反而，我会冷静地站在那里，等待孩子自己爬起来，至少等过了一段时间才过去。

对此，卢梭解释说：“对于孩子来说，伤害已经发生了，他必须学会忍受。如果我表现出惊慌失措的样子，那么孩子就会更加害怕，更觉得伤口疼痛不已。事实上，当我们受伤的时候，恐惧的心理要比所受的伤害更令我们感到疼痛。如果孩子看到父母惊慌地跑过去，小心翼翼地安慰他、同情他，那么他就会同样变得惊慌、不知所措；可如果他看见我镇静地看着他，那么他就会马上变得冷静下来，尝试着自己爬起来，并且以为伤痛是无关紧要的。在这样的年龄，孩子正是处在学习勇敢、学习无所畏惧地面对轻微的痛苦的时候，并且还要学会忍受更大的痛苦。”

没错，在孩子成长过程中，经历一些身体的痛苦和摔打是非常必要的。如果孩子一点伤害都不经历，一个跟头都不摔，那么他根本就长不大。正如卢梭所说：“遭受痛苦，是他应该学习的第一要事，也是他最需知道之事……我从来没有听说过哪一个孩子仅凭自己的力量把自己弄死了，或者弄成残废了，或者把自

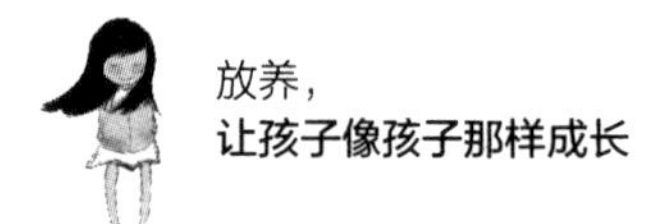

己给重伤了。”

可现实生活中，有些家长就是喜欢把孩子围起来，不忍心看到孩子摔倒、受一点伤，认为孩子还小，不应该经受一次次的打击和伤害。可要知道，这样的教育方式是错误的。在“摔打”中成长，孩子才能变得越来越坚强，才能勇敢地面对挫折和打击。如果父母不忍心，而把孩子精心照看起来，或是一次次地替孩子搬开绊脚石，一次次小心翼翼地把孩子扶起来，那么孩子肯定无法面对挫折和打击，更不知道如何应对和承受失败。

正因为如此，父母要放松自己的心态，让孩子在摔倒中学会走路、奔跑，让孩子在“摔打”中学会成长。

子航是一个8岁的小男孩，平时懂事乖巧，很招人喜欢。可就是性格一点不像个小男子汉，缺少了一些勇敢顽强的气质。与其他顽皮好强、敢闯敢玩的男孩相比，子航确实看起来比较柔柔弱弱的，说话也是细声细气。他也比较活泼好动，平时却喜欢和女孩子一样玩踢毽子、跳绳之类的游戏。就是因此，很多同学都开玩笑说他是“林妹妹”。

一次正在上体育课，子航突然哭了起来，老师经过询问才知道原来是跑步的过程中，子航被一位女同学不小心绊了一跤，结果两人都摔倒了，膝盖也被磕破了皮。这女孩子二话不说爬了起来，继续参加接下来的运动，而性格娇弱的子航却无法忍受这疼痛，竟然不由自主地哭了起来。

老师立即帮助子航处理了伤口，然后打电话给子航的爸爸妈妈说：“你这孩子怎么一点阳刚之气都没有呢！人家女孩子都没有因为摔倒哭泣，他一个大男生竟然哭了起来，简直比女生还娇气！这对于孩子的成长是非常不利的，你们作为父母的可一定要重视啊！”

子航的爸爸妈妈也非常头疼，怪自己当初对孩子太娇惯，保护过了头。经过商量之后，爸爸妈妈给子航报了跆拳道班，希望他能够多和男孩子玩耍，并且多摔打摔打，以便培养他的阳刚气。

经过一年多的训练，子航果然不再像过去一样了，总是那么扭扭捏捏、娇娇弱弱了，更不会因为摔倒、受伤而哭泣了。他终于变得更加坚强自信，而且承受挫折能力也变强了。

是的，成长是需要不断的摔打。婴儿从不断的摔倒中才能学会走路，孩子在不断的摔打中才能学会忍受痛苦，不会选择退缩和放弃。而一旦害怕孩子摔倒，不忍心孩子受到打击，甚至因为害怕孩子受伤就一味地精心照看，不舍得放手，那么只能让孩子缺乏勇气和坚强，甚至剥夺孩子成长的机会和权利。

对于孩子，我们与其费尽心思保护他们，把他们锁在温室里，不如给孩子创造更多的机会，多让孩子参加各种活动，多让孩子经受一些摔打和痛苦。只有让孩子在摔打中成长，他们才能变得越来越坚强。

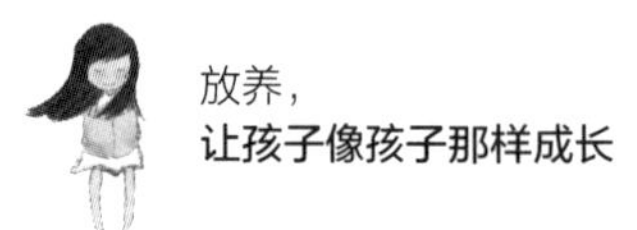

放开手，孩子才能独立解决问题

教育家马卡连柯曾说过这样一句话：“最可怕的是用父母的幸福来栽培孩子的幸福。”这句话的意思非常明显，就是说父母自认为对孩子的好，实际上并不见得真的有利于孩子的成长。很多时候，这不过是父母的一厢情愿罢了。

不愿意对孩子放手，总想着为孩子事事包办，并不是给孩子以幸福，反而会给他的成长带来很大的隐患。从孩子发展的角度来说，不给予孩子做事、解决问题的机会，就等于剥夺了孩子自理能力发展的机会，久而久之，孩子就会失去独立解决问题的能力，丧失应有的责任心，甚至失去独立的能力和意识。而一个小时候事事依靠父母的孩子，长大之后又如何敢于承担责任呢？连自己的问题都解决不了，你怎么奢望他将来能够轻松地解决更多难题呢？

所以，在孩子的成长中，聪明的父母要学会一个原则，那就是大人放手，让孩子动手。给孩子提供锻炼的机会，让孩子自己解决生活和学习中的各种问题。

幼儿园组织了一个“我快乐的一天”的活动，让每个小朋友带几张照片，讲述自己这一天做了什么高兴的事情，并且和其他小朋友分享自己的快乐。上大班的丽丽对这件事情非常重视，周六的时候，专门让爸爸妈妈带着自己去了游乐场，还拍了很多开心玩耍的照片。

可等到周日晚上，丽丽却发现自己精心准备的照片不见了。原来周日的时候，丽丽和妈妈去了奶奶家，还特意把那些照片带了过去，向奶奶讲述了自己游戏玩耍的经过。丽丽担心老师会批评自己，便央求妈妈说："妈妈，我的照片落在奶奶家了，现在来不及去拿了，你能和老师说说情吗？"

妈妈并没有答应丽丽的请求，说："这是你自己的问题，是你把照片忘在了奶奶家，也是你自己需要和小朋友们分享，所以你应该自己想办法解决。"

丽丽噘着嘴说："妈妈，你就帮帮我嘛！我求你了！"

可妈妈并没有动摇，而是握住孩子的手说："宝贝，自己的问题就应该自己解决，如果我今天帮了你，那么你之后怎么办？还是要找妈妈来帮忙吗？妈妈可以帮你一次两次，可不能永远帮助你。难道等你长大了，遇到问题之后，还要央求妈妈来帮忙吗？"

接下来，妈妈开始鼓励和引导丽丽，让她自己去和老师解释，说明事情的原委。丽丽见无法依赖妈妈了，第二天早早到了幼儿园，对老师说："老师，我今天忘记带照片了，因为我把它们忘在奶奶家里了！"

老师听了之后，微笑着说："没有关系，你可以和小朋友们分享自己的经历，等以后有时间再把照片拿给大家看。"

丽丽听了老师的话，吊着的一颗心总算放下了。她刚要离开，突然看到了老师正在用手机看照片，于是高兴地说："老师，我可以用手机展示自己的照片吗？我那些照片都是用妈妈手机拍的。"

站在一旁的妈妈说："丽丽，你不要忘了，妈妈是要上班的，怎么能把手机留给你呢？"

丽丽笑着说："妈妈，你也可以把照片传给老师啊！我们不是经常给老师传照片吗？"

就这样，丽丽用自己的方法解决了自己的问题。

很多时候，当孩子遇到问题的时候，父母的第一反应就是帮助孩子解决。相信很多父母遇到类似的问题时，很可能会亲自和老师解释，或是想办法帮助孩子吧！但是丽丽的妈妈却没有，她利用这件事情给孩子提供了一个独立解决问题的机会，也让孩子承担起了她应该承担的责任。事实证明，当这位妈妈信任孩子之后，孩子完全可以自己解决问题。丽丽不仅和老师解释了自己的失误，还积极思考，找到了不错的解决方法。

所以，父母千万不要因为孩子小，就怀疑他们解决问题的能力，不让他们自己动手。只有把孩子当大人看，放手让他们去尝试、去思考，孩子才会感受到被信任，觉得自己有能力解决自己的问题，觉得自己能够像大人一样承担自己本应承担的责任。而不放手，孩子就会永远躲在父母羽翼的庇护之下；不放手，孩子永远学不会自己解决问题。

牢牢地拴住孩子，真的能保护孩子?

很多父母总是有这样的想法：孩子慢慢地长大了，接触的人多了，懂得的事情多了，如果不把他们看紧点，就可能出现大问题。他们或许会做出错误的事情，或许会结交不好的朋友，甚至会慢慢地变坏。

有了这样的想法，这些父母便开始严加管教自己的孩子，把孩子牢牢地拴在自己身边。除非正常上课，否则一律不准外出；孩子交朋友，必须由自己来把关；孩子想要参加夏令营，必须由自己来陪同……

于是，为了保护自己的孩子，这些父母给孩子编织了一个大大的笼子，把孩子关在其中，并且无时无刻地盯着他。

刘希是一名六年级的学生，眼看就要到青春期了。刘希的父母认为，青春期的孩子都是非常叛逆的，很容易受到不良因素的影响，如果不把孩子看紧点，就有可能出现大问题。

于是，刘希爸爸与孩子约法三章：第一，每天放学之后必须马上回家，不能在学校逗留，更不能到处乱跑；第二，有什么活动必须向父母报备，得到父母的允许之后才能行动；第三，周六周日，除了上培训班不能随便外出。

为了能够让孩子遵守规则，刘希爸爸还特意给孩子买了新手机，以便随时能够了解孩子的动向。刘希本来就是一个懂事的孩子，再加上爸爸妈妈比较强势，所以他都是严格按照约法三章来做的。

刘希父母也觉得自己的行为保护了孩子，让孩子得到了健康、顺利地成长。可直到刘希快要小学毕业时，他们才知道自己过分的“保护”深深地伤害了孩子，并且使活泼开朗的孩子变得内向而又忧郁。

这一天，刘希参加了学校举办的毕业生欢送会，可回家之后，他的脸上并没有兴奋和愉悦，反而充满了失望和忧郁。

妈妈好奇地问：“儿子，你不是参加欢送会了吗，怎么看起来不是特别高兴？”

这时，刘希突然情绪激动起来，冲着妈妈大声喊道：“都是你们！你们给我规定什么约法三章，每天让我早早回家，不允许我交朋友，周末也不允许我出门，结果我一个朋友都没有！我除了学习成绩好一些，简直就是一无是处！同学们都在相互写同学录、赠送礼物，还拍照留念，可是我呢，没有人要我写同学录或是赠送我礼物，也没有人和我拍照！我就好像是一个毫不相干的人！这一切都是你们造成的！”说完，他哭着回到自己的卧室。

经过向老师了解之后，妈妈才知道原来刘希这一年的变化非常大。开始他比较活泼，时常和同学打篮球、踢足球，可慢慢地，他对这些失去了兴趣——妈妈知道，孩子之所以这样，是因为她要求他的。

由于他经常不参加同学们的活动，因此和同学们变得疏远起来，性格也变得越来越孤僻、懦弱。课余时间，别的同学三五成群地玩闹，而他却总是一个人趴在桌子上。听了老师的话，刘希的妈妈陷入了沉思之中，她不禁想：我们为了保护孩子，却让孩子变成这样，难道我们真的错了吗？

从表面上看，刘希父母的做法是在“保护”孩子，但事实上，这种严格的管制，让孩子失去了自由和自主，不能独立地翱翔。在现实中，像刘希父母这样紧紧拴着孩子的家长不在少数。他们认为，孩子长大了，很容易犯错误，很容易受到坏孩子的影响。于是，他们把所有心思都扑在孩子身上，恨不得把孩子时时绑在自己的身边。一些父母即便不能时刻盯着孩子，也会通过手机来监督和管束孩子。

然而，这种管束是真的“保护”孩子吗？对孩子来说，是真的好吗？结果又是怎样呢？

正如一个教育学家所说的：“父母对孩子约束越多，孩子越是循规蹈矩，越是胆怯。但另一方面，他又会表现出极端情绪。”被牢牢拴住的孩子，不是变得循规蹈矩、懦弱胆小，不敢和其他人接触，就是变得越来越叛逆，想要摆脱父母对自己的管教。

所以，父母们应该明白一个道理：我们可以合理地限制孩子，避免孩子做出不合理的行为，避免孩子受到不良行为的影响。但是，限制并不等于控制和管制。如果父母超过了正常的监护、监督，想要紧紧地控制孩子，并且把孩子拴在自己身边，那么就会影响他的健康成长，不仅会令孩子丧失与人交往的能力，还可能造成性格缺陷。

好孩子不是“保护”出来的，更不是管制出来的。放手加上合理的引导，孩子才能变得更加独立，并且向着你期待的方向自由地翱翔！

没有界限感，对子女来说就是灾难

没有不爱自己孩子的父母，可很多父母的爱却没有了界限感，把自己的爱变成了对孩子的过度管制、过度保护。他们一心想要包揽孩子的一切，一心想要“用整个生命来对待自己的孩子”。

然而，对于孩子来说，这样的爱却是一种灾难，让孩子完全没有了自我，并且承受着父母管制的折磨和煎熬。

日前，一部讨论家庭教育的电视剧《你的孩子不是你的孩子》受到了人们的广泛关注和热议，其中《妈妈的遥控器》这一单元更是反映了现实生活中父母们的偏执教育。这位妈妈是非常爱孩子的，丈夫出轨之后，她费尽心力才赢得了儿子的抚养权。

单亲妈妈独自一人抚养孩子，还要为两人的生活而奔波，可想而知是非常辛苦和心酸的。然而，这位妈妈的做法却真的无法让人爱得起来，因为她表现出了对孩子极端的控制欲，并且给孩子的心灵造成了极大的伤害。

故事一开头，这位妈妈就表现出了强烈的偏执，在和自己老公谈判离婚时，她通过奋力反抗，终于夺回了孩子的抚养权。之后，她认为儿子是自己唯一的依靠，只有儿子才能给自己的心灵带来安慰。于是，她把儿子当成是生活的全部，只允许儿子按照她的想法和意愿去做事，甚至人生道路。否则，她就觉得儿子像丈夫一样背叛了她。

一个偶然的机会，她得到了一个可以操控时间的遥控器，只要按一个按钮，时间就会回到她想要回到的时候。接下来，这个遥控器就成为她操控儿子，让儿子按照自己意愿行事的最好武器。

一旦她觉得儿子的做法不符合自己的意愿，她就反复地按返回键，让孩子一直停留在这一天。在这一天内，她让孩子一次次地修正自己的行为，认识错误、改正错误，直到自己满意为止。只要孩子稍有反抗，这位妈妈依旧会让他重新来过，调整好自己的情绪和状态：

儿子考试成绩差，她选择让孩子重新来过，一次、两次……十次，直到考出令人满意的成绩；

儿子上补习班，跟不上学习的进度，她会让孩子重新学习这一天的内容，直到赶上别人的进度；

儿子喜欢上了一个女孩，她让孩子重来，故意让两人成为相见不相识的陌生人；

……

一个孩子就这样生活在妈妈的控制之下，不能有自己的思想，不能有独立的行为，更不能做自己喜欢的事情。而且，在妈妈的遥控之下，他要不断地重复着某一天、某一件事情。可想而知，这是多么恐怖的一件事啊！

在一次次倒带中，他成了妈妈希望的样子：一个光鲜亮丽的成功人士，一个言听计从的妈宝男。直到有一天，他遇到了自己的初恋，并且被女孩儿那轻松自在、无忧无虑的生活所打动。于是，这个孩子决定逃离妈妈的束缚和管制，去做自己想做的事情。可这唯一的意愿和想法也被妈妈给无情地击碎了——妈妈不肯放手，不停地按下遥控器，阻止着孩子离开。

终于，这个孩子再也无法忍受这一切，决定用死亡来反抗妈妈！他希望能用自己的生命来获得最终的自由！然而，他想错了，他连这个自由都失去了！妈妈

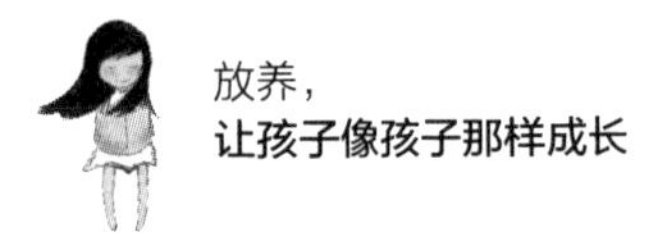

不停地按下遥控器，让孩子回到他还没死的那天。结局就是，这个孩子永远生活在妈妈遥控的阴影之下，如傀儡一般没有自我。

故事中，那个孩子的人生是可悲、可叹的，然而这位妈妈人生就开心和快乐吗？答案是否定的。这种没有界限的控制和管教，让孩子找不到自己的价值，无法独立地走自己的人生，也让她自己失去了自我和完整的人生。

不管是对于孩子还是对于父母来说，这都是一种悲剧和灾难。它使得本来是最亲密的母子关系变得水火不容，更让这个家庭彻底地崩溃。孩子对于父母的情感已经没有了爱和尊重，只剩下了怨恨，父母对于孩子的爱也变成了偏执的控制欲。

我们说，每个孩子的生命虽然是父母带给的，但是他们都是一个独立的个体，从呱呱坠地那天起，便逐渐有了自己的思想和灵魂。父母可以保护他们、管教他们，却不能左右和控制他们。一旦父母不放手，让自己的爱没有了界限感，那么这份爱就会变得越来越沉重，最终阻碍孩子人格的发展、人生的完整。

相反，如果父母敢于放手，让孩子做好自己，孩子对于父母的爱不仅不会消减，反而变得更加浓厚。父母越是放手，孩子的思想就越是自由，人生就更加精彩。

梁启超是一位著名的思想家、政治家、教育家，可我们也知道，抛却这些光环，他更是一位非常好的父亲。他有九个孩子，每个孩子都被培养成某一领域的卓越者。我们最熟悉的长子梁思成是著名建筑学家，长女梁思顺是诗词研究专家，三子梁思忠清华大学毕业，后在弗吉尼亚军事学院和西点军校学习，五子梁思礼是火箭控制系统专家……

他的孩子之所以个个都拥有出色的人生，就是因为梁启超在教育孩子的过程中，从来不把自己的意愿强加在孩子身上，而是尊重孩子，敢于放手。在他看来，自己有一定的人生阅历，可以给孩子一些建议。对于这些建议，如果孩子认同，那么他会给予极大的帮助和指导；如果孩子不认同，他则会鼓励孩子放开手

脚大胆去做，让他们去完成自己的梦想。

“你们的孩子，都不是你们的孩子，乃是生命为自己所渴望的儿女。他们是借你们而来，却不是从你们而来。你可以给予他们的是你的爱，却不是你的想法，因为他们自己有自己的思想。”

最好的养育就是手放开，不要让没有界限的控制和“爱”成为孩子人生的灾难！

Chapter 3
天然即极致，顺应天性才是养育的正确姿势

如今很多父母似乎走入了一条教育岔道，那就是——只有管制，才能让孩子听话。结果越管越乱。其实，培养好孩子，根本没有这么困难。

懂得放养，顺应孩子的天性，再适当引导才是好的教育。不要和孩子较劲，让他们自由去发挥，你会发现原来“神奇孩子”就在身边。

科学的“玩”也是学

爱玩是孩子的天性，玩也是孩子成长过程中必需的“营养素”。生活中，如果我们看到哪一个孩子只知道学，却不喜欢玩、不会玩，那么只能说他父母的教育方式出了很大的问题。

不喜欢玩的孩子，沉闷呆板，对一切都没有任何兴趣，导致他们很难对这个世界产生好奇心，更没有机会来增加自己的求知欲和探索欲，时间长了，动手、观察、探索等能力自然就无法得到发展了。

相反，如果一个孩子贪玩、会玩，那么就具有优秀者的特质。这样的孩子比其他孩子更活泼、聪明，而且更容易产生求知欲和好奇心。在玩乐中享受快乐的同时，孩子还可以完善自己的个性，找到自己的兴趣爱好，同时不断地提高自己的能力。

畅畅是一个非常贪玩的孩子，每天放学后都不愿意回家，不是拿着网子在公园中捉虫子，就是和几个同学到处疯跑。即便是回到了家，他的心思也很少在学习上，喜欢鼓捣他那些玩具，还时常做一些小风筝、小捕虫器。

畅畅的头脑确实够聪明，只是没有把精力放在学习上，就想着玩耍，所以学习成绩平平。在最近一次升学考试中，他在班级的排名已经落到了中下游。这让畅畅的爸爸妈妈对他的贪玩行为感到非常恼火。为了让孩子提高学习成绩，改掉

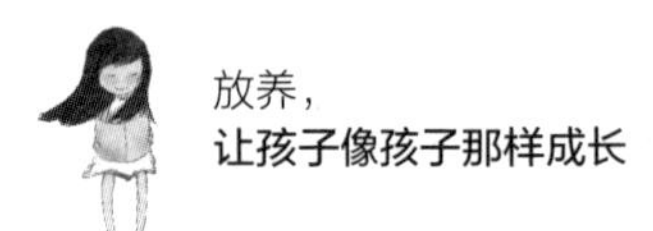

贪玩的坏习惯，爸爸专门找他谈了一次话，还给他制订了学习计划，没收了一些玩耍工具。

可这并不能阻止畅畅贪玩的心，这孩子每次总是想出很多鬼点子。爸爸要求他放学立即回家，可他总是找机会“溜号”，和同学在学校或是公园中玩耍；爸爸没收了他的玩耍工具，可第二天他又自己做出了一些其他工具；爸爸建议他报一个课后辅导班，可他却报了一个“航模”兴趣班……

为此，爸爸妈妈感到非常头疼，真担心孩子没办法考进重点中学。可老师的话却让他们改变了想法。老师说畅畅贪玩，可这并不是什么太大的坏事，虽然他成绩一般，但动手能力和思维能力确实是一流的。尤其是参加了“航模”兴趣班之后，制作航空模型的水平在学校都出了名，学校还准备推荐他参加市里举办的中小学航模制作比赛。

事实上，由于天性使然，我们很难找到一个不爱玩、不贪玩的孩子。父母只要能够给予孩子正确的引导，让孩子科学地“玩”，在玩耍中学习知识、增长见识，那么孩子就可以玩出名堂、玩得出色。更何况孩子的学习，又不只课本而已；孩子学习的目的，又不只成绩排名。

幸好畅畅的爸爸妈妈及早明白这个道理，他们不再强硬地阻止孩子玩耍，而是给予孩子充分的自由。只要畅畅不玩得太出格，完全耽误了学习和生活，他们就不会加以限制。另外，他们开始鼓励孩子玩各种航模，还专门给孩子请了指导老师。结果，畅畅制作的航空模型不但在学校和市里获了奖，而且还多次参加全国比赛，获得了全国大奖。

父母们之所以限制孩子玩，是害怕孩子因为贪玩而耽误了学习。这个想法，我们都能理解，可家长也要知道，玩也是孩子成长过程中的一部分，陪孩子玩也是亲子教育中最重要的一环。在家庭教育中，让孩子感受玩的乐趣，在玩耍中认识世界、探索世界，并且学习生活中所需要的知识，才是我们最应该做的。

谁又能否定让孩子自由玩耍不是培养他们更好成长的好方法呢？所以，我们

应该改变自己的教育方式，尊重孩子的爱玩天性，化堵为疏，并且积极地引导孩子科学地玩、科学地学。

在孩子玩耍的过程中，我们可以培养孩子的兴趣爱好，让孩子在玩中学、学中玩。比如孩子喜欢捉虫子，我们可以引导孩子认识各种昆虫、鸟类，看看它们有什么特征，有什么相同和不同的地方，让孩子对探索和认识这个世界产生兴趣。

在孩子玩耍的过程中，我们可以引导孩子积极思考、开拓思维，培养孩子思考问题、解决问题的能力。比如孩子喜欢玩玩具，我们可以引导孩子思考汽车玩具为什么会行驶，航模是如何组装的，机械运动是如何形成的……

同时，玩也可以开阔孩子的视野。比如孩子喜欢到户外玩，我们可以带孩子去旅行，多见识这个世界的美丽和神奇。

很多孩子在玩耍中学习到了很多东西，甚至玩出了大名堂，原因就在于他们的父母并没有一味地阻止孩子、限制孩子。同时很多游戏也是有利于孩子智力发育、体能拓展的，比如各种智力游戏、各种体育运动等。

因此，父母们要给孩子玩的空间和自由，让孩子能够科学地“玩”，科学地“学习”。

调皮是孩子的另一个名字

调皮、淘气是所有孩子的共同特征，他们会蹦上蹦下，把沙发、床当成了蹦蹦床；他们会故意恶作剧，把爸爸的手机藏起来，然后看着爸爸满头大汗地到处找；他们会故意揪住女同学的辫子，看到女同学委屈地大哭，却在一旁哈哈大笑……

很多父母一看到孩子调皮、淘气就头疼不已，恨不得把孩子拴住，好阻止他们这些令人抓狂的举动。有些父母甚至开始担心，这样调皮、淘气的孩子长大以后会怎么样？他们会不会越来越不听话，不服从爸爸妈妈的管束？他们会不会变得越来越顽劣，甚至走上错误的道路？

其实，父母的这种担心，完全是杞人忧天。孩子哪有不调皮捣蛋的？这就是他们的天性，尤其是几岁的男孩子更是调皮得不行，招猫逗狗、和同学打架、惹哭女老师。然而这并不代表着他们不是好孩子，也不代表着将来他们就有可能变坏。

孩子之所以调皮，是因为他们天生对事物充满了好奇心，想要自己去探索和尝试。在大人看来很普通的东西，对于孩子来说却充满了吸引力，促使他们想一个个地弄清楚；在大人看来是错误的行为，对于孩子来说却非常有趣，让他们抑制不住地“做坏事”。

一旦父母发现孩子的淘气行为，就马上予以制止，对孩子大声地说“不行”“不要这样做”“你再淘气我就打你了”之类的话，孩子的好奇心和探索欲就会被遏制，孩子的成长就会受到影响。

有俗话说，“调皮的男孩是聪明的，淘气的女孩是灵巧的”。虽然这只是一句俗语，却是绝大部分父母经过仔细观察所得出的结论。现在很多教育专家也指出，孩子的调皮淘气行为往往蕴含着非常大的想象力和创造力。而且这种行为还与孩子的表现欲有很大的关系，孩子的淘气行为就是为了引起父母的注意，希望得到父母的关注。

因此，作为父母就不必为孩子的调皮捣蛋而操心了。给孩子淘气的权利，而不是一味地训斥，如此孩子才能充分地释放自己的天性，发展想象力和创造力。

爱迪生小时候就是一个令父母头疼不已的孩子，比其他孩子更加调皮淘气，时常做出让父母火冒三丈的事情。

一次，他看到院子里的母鸡正在孵蛋，竟然把母鸡赶走了，然后自己坐在鸡蛋上。当父母大声制止他的时候，他振振有词地说：“我没有捣蛋，我正在帮助母鸡孵小鸡！”父母哭笑不得地说：“人是不能孵出小鸡的！”小爱迪生好奇地问：“为什么母鸡可以孵出小鸡，而我却不能呢？”这个问题令父母难以回答。

还有一次，爱迪生竟然给自己的小伙伴喝下了一种能产生气体的酵粉，差点害小伙伴丢掉性命。当父母质问他的时候，他理直气壮地说：“我是在做实验！气球充上了气，就可以飞到高空中。那么我就想，人的身体充上了气，是不是也能让人飞上天呢？我不做实验，怎么能知道行不行啊！”

在课堂上，他也不是一个安分守己的孩子，时常打断老师的讲课，还问一些“无理取闹”的问题。当老师教孩子加减法，说到“2+2=4”时，爱迪生突然大声提问：“老师，为什么二加二等于四，而不是等于其他数呢？”

最后，爱捣乱、喜欢调皮的爱迪生被学校开除了，而邻居也因为他时常做出令人震惊的事情，而不允许孩子和他一起玩耍。

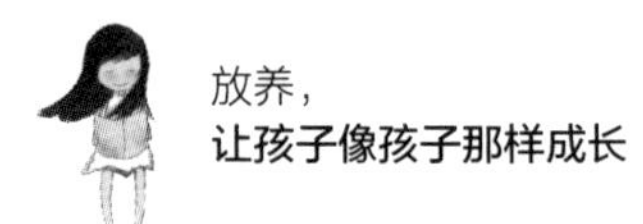

但幸好爱迪生的父母并没有放弃自己的孩子，他们认为孩子虽然调皮，但是却具有强烈的好奇心和探索欲。于是，爱迪生的母亲成为他的老师，教孩子相关知识，并且用宽容的态度来引导教育他。正是因为爱迪生的父母正确地看待了孩子的调皮行为，尊重了孩子的天性，才为爱迪生走上发明创造之路打下了基础。

虽然时代进步，人们的观念也发生了翻天覆地的变化，可很多父母教育孩子的方式却没有太大的进步。在现实生活中，很多父母认为孩子调皮淘气是不好的行为，一看到孩子的淘气行为就严厉地制止，这都是教育方法和观念的错误。

事实上，在对待调皮淘气的孩子这件事情上，西方国家的父母和我们国家的父母持完全不同的态度。当我们总是教育孩子要听话，总是制止孩子淘气行为的时候，西方国家的父母却给予了孩子充分的自由，任由他们顽皮淘气，甚至是特意花钱来培养他们的调皮行为。

这是因为在他们的观念中，孩子的天性是不能扼杀的。对孩子的淘气行为一味地制止和压抑，不但不会起到教育意义，还会让孩子失去快乐、自由。一旦孩子听话了，不淘气了，快乐就没有了，童真就没有了，还失去了好奇心和创造力。

所以，父母不能把调皮与淘气当成是衡量孩子好坏的标准，更不能常常加以阻止，甚至打骂孩子。适当地鼓励孩子的调皮行为，不打击、扼杀孩子爱玩的天性，这才是父母对于孩子最好的教育。

当然，如果孩子的行为超过限度了，我们就不能听之任之了，否则就会让孩子染上不良习惯，把调皮行为变成是有意识的不良行为。尤其在大是大非的问题上，父母更不能让步，比如孩子故意打同学，或是在公共场合搞破坏等。

把孩子的“破坏力”转化为创造力

给孩子新买的电动汽车，被孩子拆得七零八落；生日时送给他的工艺品小木船，也被孩子拆解成一块块……

这几乎是绝大部分家长都会遇到的情况，孩子的“破坏力”真的让人头疼。那么作为父母，我们要怎么应对孩子的破坏行为呢？大声喝止，还是耐心地劝导，以便孩子之后不会随意地破坏玩具或是有价值的东西？

不！我们为什么不淡定一些，让孩子适当地保持着这种“破坏力”呢？事实上，孩子的这种破坏行为都是无意的行为，由于孩子的自我意识开始迅速发展，好奇心越来越强烈，所以，他们开始按照自己的思维和想法去认知和探索这个世界。他们对很多东西都非常好奇，喜欢研究它们到底是怎么回事。

在“搞破坏”的过程中，孩子满足了自己的好奇心，也懂得了很多道理，享受了很多乐趣。所以，作为父母，满足孩子的好奇心，让他们在“搞破坏”中思考、提高创造力，岂不是一件两全其美的好事？

林林是一个九岁的男孩，平时最喜欢调皮捣蛋，不知道摔坏了多少东西，弄坏了多少玩具。看看他的玩具箱吧！没有一个玩具是完整的，小汽车被拆掉了轮子，不倒翁“狗狗”被凿开了肚子，音乐盒也被弄得七零八落……凡是让他感到好奇的东西，都逃不了被拆卸的命运。

可偏偏林林的爸爸是一个生活严谨、做事刻板规矩的人。他实在不能忍受林林每天把好好的东西给弄坏，更不能忍受孩子整天不知疲倦地拆东西。尽管爸爸没少教训和打骂他，可不管爸爸怎么打骂，林林就是改不了这个毛病。于是，性格迥异的两父子每天都发生冲突。

爸爸非常喜欢在夜晚观看星空，感受宇宙的浩渺与神秘。一天，他购买了一个新的天文望远镜，当天晚上还带着林林观看了猎户座和天秤座。结果，第二天下班回来，爸爸就看到望远镜被林林大卸八块儿了，各种零件散落了一地。

爸爸立即暴跳如雷，把林林拎起来痛骂一顿，还准备动手打他一顿。

这时候，林林妈妈拦住了他，劝说道："你这样对待儿子，实在是太过分了！"

爸爸火冒三丈地说："是他过分还是我过分！你看看，我新买的望远镜被他弄成了什么样子！"

妈妈耐心地说："孩子就是好奇心重，想要研究这东西是怎么回事。"

"这并不是第一次，你看看家里的东西哪一个没被他拆过，哪一个玩具是完好的？这一次就更加过分了，这望远镜是我花好几千元买的，昨天才用了一次，竟然就被他拆掉了。难道这还不能教训吗？如果不好好地教训他，恐怕哪一天他就拆房子了！"

可妈妈却没有做出让步，继续劝说道："林林是喜欢搞破坏，但是你认为一个望远镜、一些小玩具比孩子更重要吗？每个小孩子都是有好奇心的，他们搞破坏只是为了满足自己的好奇心，如果你一味地制止、打骂，恐怕就扼杀了孩子的天性，扼杀了又一个'爱迪生'。"

爸爸的怒气还是没有消除，气愤地说："你不要给孩子找借口，他就是太顽皮了。"

这时，一旁的林林哭着说："我不是故意要弄坏望远镜，我只是想看看，它为什么这么神奇……"

听了林林的话，妈妈继续说："孩子搞破坏，这是有求知欲和想象力的表现。我们应该做一个明智的父母，保护孩子的好奇心和想象力，给孩子思考和探索这个世界的机会，否则只能扼杀了孩子的创新和想象力。"

这番话给了林林爸爸很大的触动，他感慨道，虽然自己生活稳定舒适，可骨子里却始终缺少创新和想象力。一旦自己在这件事情上不理解孩子，那么孩子岂不是也会成为另一个自己？当天晚上，他就来到了林林的房间，对林林说："林林，之前爸爸时常因为你'搞破坏'而打骂你，现在爸爸向你道歉。我知道你好奇心强，想要研究这些东西，以后我不会再打击你的好奇心。但是你也应该记住，不能随意地乱拆东西，除非你能保证可以重新安装好。而且，如果你有问题也可以问我和妈妈，我们会和你一起解决。"

听了爸爸的话，林林笑着答应了。在之后的日子里，林林和爸爸不再水火不容，两个人还一起组装以前拆掉的东西。在这个过程中，爸爸才发现自己的孩子头脑非常聪明，手指也非常灵巧，竟然修好了大部分玩具。而林林也不再随意拆掉贵重的东西了，而是通过请教爸爸妈妈、查看书籍和网络来满足自己的好奇心。

幸好林林的爸爸改变了自己的教育方式，否则一个充满创造潜力的孩子，就会因为他的打击和制止而停止了创造性的举动。所以，当孩子出现破坏性行为的时候，父母不要心疼那些玩具，动不动就把孩子狠狠地训斥一顿，而应把关注点放在孩子的好奇心和探索欲上。

只要我们能够尊重孩子的天性，积极正确地引导孩子，挖掘孩子的想象力和创造力，那么就可以把孩子的"破坏力"转化为"创造力"，培养出一个富有想象力、动手能力强的孩子。

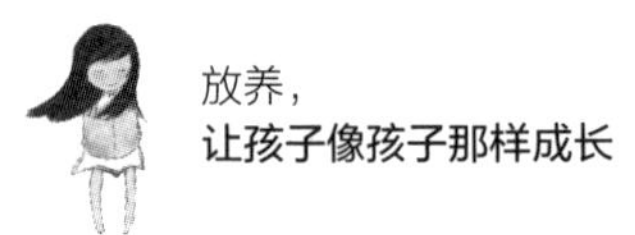

支持孩子的异想天开

美国一个权威咨询机构调查结果表明，孩子在1岁时，想象力和创造力高达96%；可是随着孩子年龄的增长，想象力和创造力会逐渐下降，到了7岁以后就会急剧下降；到10岁时，绝大部分孩子的想象力、创造力仅仅剩下4%。

不得不说，这种情况的发生与父母的教育有很大的关系。在孩子的成长过程中，父母或许是出于安全考虑，或许是出于大人思维的角度，对于孩子的异想天开总是持反对态度，对于孩子各种奇特玩法总是采取限制的办法。结果孩子是越来越听话了，可想象力和创造力也受到了打击和遏制。

老舍先生曾经说过的，在没有孩子的时候，一个人的世界还是未曾发现美洲的时候。孩子是哥伦布，带人到新大陆去。孩子的想法往往要比成人更新颖和奇妙，更具有想象力和创造力。很多时候，孩子的异想天开最大限度地开拓了他们的思维空间，这也是一些想法奇特的孩子能够解决一些生活中难题的重要原因。

作为家长我们不要限制孩子，不管他们的想法多么异想天开，言行多么荒唐透顶，都不应该消极地对待。相反，我们应该走进孩子的世界，支持他们的异想天开，然后再对他们进行积极的启发引导。如此一来，孩子的创造性表现才能得到充分的肯定，孩子的想象力和创造力才能得到更好的发展。

很多人对于史丰收这个名字并不是非常熟悉，可是提到速算法，却没有人不

知道。史丰收就是现代速算法的创始人，他的速算法不仅打破了几千年来古今中外从低位算起的计算习惯，还使得计算速度超过了计算器。因此，史丰收和他的速算法受到了国人和国际人士的关注。

史丰收获得的成绩就得益于他小时候的异想天开，更得益于家长和老师对其想法的鼓励和支持。小时候，史丰收总是做一些非常离谱的事情，说一些异想天开的话。他曾经把冻死的兔子放在热炕上，想把它救活；他曾经问大人为什么人会死，而死了的人为什么不能复活；在课堂上，他也喜欢问一些奇怪的问题。

上学的时候，老师教孩子们识字写字，并且告诉大家“大小”是一对反义词。同学们都按照老师的要求，写好了“大一小”，可他却非要把“小”字写成“十”字。老师对他说：“孩子，你写的‘小’字是错误的，那个字念‘十’。”但是，史丰收却不解地问：“老师，您说‘大小’是一对反义词，‘大’字是两条腿向外伸得大大的，那么‘小’字就应该把两条腿向中间缩得小小的啊，所以我写得并没有错误啊！为什么‘小’字就不能那么写呢？”他的一番解释让老师感到又好气又好笑。

十岁的时候，他开始学习加减乘除的运算。当老师讲课的时候，他站起来提出了一个离经叛道的问题：“老师，我们读数字、写数字都是从左到右的顺序，为什么运算的时候就非要倒过来，按照从右到左的顺序呢？”

老师已经习惯了他的异想天开，便耐心地解释说：“孩子，自从人类发明数字和计算以来都是从低位算起的，这是古人总结的经验。几千年来，不管是我们还是外国人都是这样计算的。”

史丰收还是不死心，继续问道：“那么我们可不可以从左到右、从高位到低位来运算呢？”

他的话让同学们哄堂大笑，老师则微笑着说：“我倒希望你能研究发明从左到右的计算方法，如果你成功了，那么就会像你的名字一样获得巨大的丰收了，并且还可以成为出色的数学家。”

老师的话给了史丰收巨大的支持和鼓励，使得他少年的异想天开得以持续下去。在那个特殊年代，他把自己的想法投入到了实际研究之中，开始反复地研究从左到右的反方向计算的可能性。

而孩子的异想天开也得到了家人的支持，父亲买来了一卷草纸供他演算，奶奶也随时准备为他“服务”。后来，由于家庭条件的影响，父亲再也买不起草纸，于是他就开始在地上、墙上写，有时还在自己的手上写。晚上睡觉的时候猛地想起什么，他就立即叫醒奶奶为自己点灯，然后在本子上记下自己的想法。

到了四年级的时候，史丰收就发明了普通数学从高位到低位的快速计算方法，并且总结出了自己的速算口诀。每次上数学课的时候，老师一写出算式他就能说出正确答案。从此之后，同学们和周围的人再也不说他是“胡思乱想”“精神不正常”了，反而开始称他为“小神童”。

最后，经过多年的深入探索，他终于研究出了速算法则，运算速度超过了计算器，而他也成为家喻户晓的名人。

人类有思考才能进步，有创造才能发展，而这前提就是拥有无限的想象空间和思维能力。正因为如此，我们才不能扼杀孩子的想象力和创造力，支持和鼓励孩子的异想天开。而支持了孩子的异想天开，就等于给了孩子一个五彩缤纷的世界，就等于给了他们想象创新的空间。如此，孩子才能充分地挖掘自己的潜力，在自己梦想的蓝天上飞翔。

孩子是天生的模仿家

随着一天天长大，三岁的多多模仿能力越来越强了。妈妈带着他到医院检查身体，看到了生病的老爷爷在咳嗽，他竟然也摸着胸口、扶着后背，“喀喀喀”地学了起来。这惹得周围的人大笑不止，而妈妈则非常尴尬地向老爷爷道歉。

看到超市的服务员在拿着电蚊拍打苍蝇，于是到家之后，他也找来了一个羽毛球拍，追着苍蝇乱跑。

和小伙伴宁宁一起玩耍，宁宁说了一声“臭屁屁”，他也就学了起来。看到树叶就指着树叶说：“这树叶是臭屁屁。”看到小汽车就指着小汽车说：“这汽车是臭屁屁。”回家看到爸爸之后，他还学着宁宁一脸坏笑地说：“爸爸就是一个臭屁屁。”

一天早上，爸爸看到多多手里竟然拿着自己的剃须刀，正想要刮自己的脸。爸爸立即制止了他，问道：“多多，你在做什么啊？”

多多认真地说：“爸爸，我正在刮胡子呢！”

爸爸吓得立即抢过多多手中的剃须刀，大声说道：“你一个小孩子刮什么胡子！以后不要这样了，否则会受伤的！”

多多不服气地说：“我和爸爸学的啊！你每天不是刮胡子吗？”

爸爸严厉地说：“你一个小孩子瞎学什么啊！以后不准你再瞎学大人！”

这下，多多可被爸爸的严厉吓坏了，哭着跑去找妈妈了。

每一个孩子都是天生的模仿家，可是很多父母都不理解这句话。不然，多多的爸爸怎么会这样对待孩子的模仿行为呢？事实上，像多多爸爸这样的家长是非常普遍的，他们觉得孩子的模仿行为是幼稚的、危险的，或是让自己感到丢脸，于是时常用消极的方式来对待。

然而，模仿是孩子的天性，更是孩子进行学习的第一步。婴幼儿专家认为，孩子的这种模仿行为是自出生之时就具备的，比如出生不久的孩子就会模仿大人伸舌头、眨眼睛等动作，而之后他们会通过模仿来学习各种事情，并且摸索和研究这个世界。而在六岁之前，孩子正处于模仿敏感期，对于任何事情都会有模仿的欲望和敏感。

一旦父母制止了孩子的模仿行为，就会激起孩子的反抗情绪，还会破坏孩子敏感期的正常发展。同时，这还会让孩子失去了解世界、探索世界的能力，从而妨碍孩子智能和认知的发展。

因此，即便在孩子模仿的过程中，有时会让人啼笑皆非，或许犯下小错误，惹下了小麻烦，比如模仿妈妈洗脸的时候，把自己的衣服弄得湿漉漉的；模仿大人洗衣服的时候，浪费了很多洗衣液，还把水弄得满地都是。家长们也不要太在意孩子行为的失败和不足，或是剥夺孩子下一次尝试的机会。

不管孩子是成功还是失败，对于孩子的模仿行为，父母都不妨一笑而过，或许还可以鼓励孩子说“宝贝，你真棒”，以便激发孩子模仿的兴趣。毕竟与保持孩子天性、培养孩子的智能和独立性相比，这些小错误和小麻烦又算得了什么呢？

更何况，在孩子的眼中是没有什么是非观念的，分不清什么是“好事”“坏事”。只要他们对这件事情感兴趣，只要他们看到大人时常这样做，就会进行模仿。正如玛利亚·蒙泰梭利所说的：“孩子每一次的成长，都是从模仿大人开始的。”

大人时常在家里发脾气、说脏话，那么孩子也会情绪失控，出口不敬；大人不爱收拾卫生，把家里弄得乱糟糟的，那么孩子也会把东西到处乱丢，生活毫无条理和秩序；大人对别人没有礼貌，不尊重老人，那么孩子也不会尊重父母，更不会感恩父母的付出和关怀。

正因为如此，尊重和鼓励孩子的模仿行为，并且利用孩子对于模仿的敏感，促使孩子形成良好的生活习惯和品格德行，才是作为父母最重要的任务，也是父母对于孩子最好的教育。

所以说，在孩子的模仿敏感期，父母要注意自己的行为举止，强化自己的良好行为习惯。只要做到了这一点，即便不时常对孩子讲大道理，他们也能学着父母的样子，从而慢慢地养成并保持好的言行举止。

过分“听话”，孩子早已压抑了天性

知名心理专家武志红老师曾指出，中国的家庭教育普遍存在着三个问题，那就是听话、伤害和溺爱。

确实如此，“听话”可以说是中国家庭教育最关键的词语之一。父母们夸奖孩子的时候，最喜欢夸“这孩子真听话！”“你真是一个听话的好孩子！”培养一个听话的好孩子，也成为很多父母的目标。他们认为好孩子就应该听父母的话，循规蹈矩、不调皮捣乱、不反叛父母。甚至有些父母夸张地认为，只要你是我的孩子，不管你多大年纪，哪怕已经成了家，哪怕已经有了自己的孩子，你还是要听父母的话。

关于这一点，武志红讲了一个令人印象深刻的故事。

当时武志红在广州日报工作，开辟了一个关于倾诉的专栏。一天，他收到了一个女孩儿的邮件，说自己和男朋友已经谈了三年恋爱了，两人感情非常好。但是女孩儿的妈妈却坚决反对两人在一起，最后竟然以死相逼，让女孩儿和男朋友分手。

一边是深爱的男朋友，一边是同样深爱的母亲，这个女孩儿不知道怎么选择，说自己非常痛苦。

为了帮助女孩儿解决这个问题，武志红约了她和妈妈在一家安静的西餐厅见面，想要了解妈妈究竟是怎么想的。

他问女孩儿的妈妈：“您为什么要反对女儿和男朋友在一起呢？有什么自己的理由吗？”

女孩儿的妈妈说：“我女儿长得这么漂亮，我觉得那个男孩儿根本配不上她。”

听了妈妈的话，武志红非常直接地说：“说实话，不怕您生气。我觉得您的女儿真说不上多么漂亮，最多只能算长得端正。您怎么会觉得两人不般配呢？”

这位妈妈听了武志红的话，立即给出了第二个理由。她说：“他们两人在学历上有很大的差距，我女儿学历这么高，那个男孩学历那么低，两人怎么能般配呢？”可据武志红了解，两人的差距并不是非常大，女孩儿是大学本科学历，男孩儿是大专学历。而且，就现在的工作和收入来说，男孩儿明显比女孩儿更具有优势，收入是女孩儿的三倍。

眼看自己的理由都被武志红驳倒了，这个妈妈突然陷入了一种歇斯底里状态，她大声地喊道：“她之前是一个听话的孩子，什么都听我的，就是我的贴心小棉袄！可是她竟然为了那个男孩儿和我作对。她背叛了我！之前，她答应过我，什么事情都会告诉我，结果她竟然偷偷地谈恋爱。要不是被我发现了，她还想要瞒我更久！”

最后，这个妈妈愤怒地喊着：“她骗我！她背叛了我！”

直到这时，武志红才明白了这个妈妈拼命反对女儿恋爱的原因——女儿没有听妈妈的话！因为妈妈习惯了让女儿听自己的话，一旦女儿“不听话”了，这位妈妈就无法忍受了。她想要赢回那个事事顺从自己、听自己话的女儿，所以不惜一切代价来阻止女儿恋爱，甚至不顾女儿是不是幸福。

结果，这个女孩儿还是听了妈妈的话，和心爱的男朋友分手。但是她也学会了反抗，不再为了听妈妈的话而压抑自己——她选择了离开自己的妈妈，到一个新的地方重新生活。

这是一个悲伤的故事，就是因为这个母亲要求孩子过分“听话”，结果让孩子失去了幸福，也让自己失去了孩子的爱。女孩儿和母亲之间再也回不到曾经的亲密、贴心了！

然而，现实生活中，类似的故事却时常在我们身边发生。不妨想一想，培养听话的孩子真的是我们的目标吗？听话的孩子真的是“好”孩子吗？这样的孩子确实听话乖巧、循规蹈矩，可是不是也缺少了自由的成长、天然的本性呢？

过分“听话”的孩子，在家绝对听父母的话，在学校绝对听老师的话。长大了之后，他们也会习惯听别人的话，任凭别人指使和控制。即便他们内心有自己的想法，他们也不敢或是懒于表达和反抗，久而久之，使得自我和天性受到了极大的压抑。

很多时候，他们习惯忽视自己的真正需要，用压抑自己的形式来迎合和配合父母，就是为了得到“你是一个好孩子”“你是一个听话的孩子”这样的评价。比如他不喜欢弹琴，习惯和朋友们一起踢足球，可是面对父母“你今天下午应该好好弹琴”的要求，他往往会压抑想要踢球的想法，强迫自己坐在房间里“努力”地练习弹琴。

结果呢？他的内心需求没有得到满足，真正的欲望受到压抑，以至于根本无法获得快乐感和满足感。时间长了，孩子就会变得越来越自卑、孤独，从而失去了生命的真实感。而且他会习惯为了别人眼光而活着，甚至喜欢通过讨好别人来获得所谓的支持和赞赏。

作为父母，我们应明白一个道理，孩子的“不听话”是天性的使然。如果为了所谓的“为了孩子好”逼迫孩子听话，就会压抑孩子的天性，对孩子的心理健康和未来成长都带来巨大的伤害。

更何况，很多父母让孩子“听话”，并不是真的为孩子好，而是为了满足自己掌控孩子的目的，获得一种内心的满足。

过分“听话”，孩子就会严重压抑自己的天性。因此，我们要允许孩子的“不听话”，尊重他们的个性和选择，尊重他们的需求和想法。如此一来，孩子才能早日成为一个独立的个体，独自面对生活和挑战，成长为真正优秀的人才。

孩子的“好动”也是一种“专注”

观察孩子的一天，当孩子早晨睁开眼睛后，他们便会不停地动，没有一刻停歇的时候，直到晚上睡着了，才安静得像一个天使。这么看来，孩子就像一个电动小马达，一旦开启，就会不停地转动，除非按下关闭按钮，否则怎么都停不下来。

孩子的好动体现在哪儿呢？比如，孩子会拿着一架玩具飞机模拟飞行数小时而不疲惫；孩子会因为抓到一只昆虫，与昆虫上演一场历险记；孩子会因为想要某样东西，会缠着妈妈说上一整天，等等。有时候，因为孩子太好动，很多父母甚至会怀疑孩子得了多动症。其实，好动是孩子的天性，这样的好动是孩子成长过程中的正常表现。

孩子的好动，是因为要消耗身上过多的精力，而成年人不再好动，是因为忙碌的工作与生活将充沛的精力消耗殆尽。然而，孩子好动时，父母总会相伴于左右，这就使父母对孩子的好动往往力不从心，甚至会因为太过疲劳对孩子心生不满，继而批评、责骂孩子。其实，好动是每个孩子的优点，父母可以遵从孩子好动的天性，把孩子的“好动”转化为“专注”。

小柏七岁，是一个非常好动的小男孩。这一天，小柏的妈妈要去闺蜜家做客，小柏听闻后，便缠着妈妈也要跟去。一路上，好动的小柏将妈妈折腾得筋疲

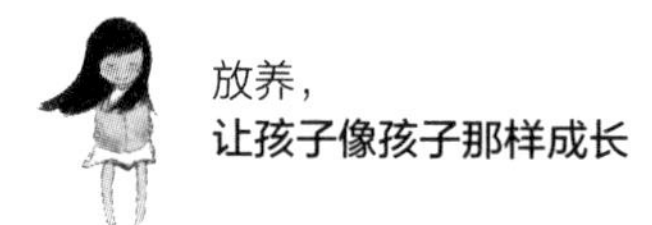

力尽。

坐公交车时，明明有空座位，小柏偏偏不坐，反倒是去抓车上的扶手。可是又因为个子矮够不着，便踮着脚或是跳起来够，这样危险的举动惹来车上乘客和司机的劝说，小柏妈妈也感到无比羞愧，好说歹说一番后，才让小柏坐在了她旁边的位置上。

然而，小柏没有消停几分钟，他又发现了好玩儿的事。他将藏在口袋里的蜡笔拿了出来，在车窗上画起了卡通人物。等妈妈发现，小柏已经画了好大一片了。妈妈训斥了小柏一番，并让小柏用湿纸巾将玻璃上的画给擦掉。

起初，小柏确实在认认真真地擦，但擦着擦着，他的心思就变了。他发现玻璃上的蜡笔遇到水后，会变成颜料，于是用纸巾蘸着颜料在玻璃上画起了抽象画。小柏的举动把妈妈气得够呛，为了不让孩子越弄越乱，只好自己动手将玻璃擦干净。

这边，小柏妈妈刚擦干净玻璃，小柏又干了一件坏事，他将前座女乘客的头发偷偷绑在了座椅上。小柏妈妈立马让小柏道歉，并将他狠狠训斥了一番。

坐了这班公交车一个半小时，小柏一刻都没有停歇，而妈妈也跟在小柏后面处理他干的“好事”，整个人累得够呛。等到了闺蜜小秦的家中，小柏妈妈像是被抽走了力气，一下子躺在了沙发上。

至于小柏，打过招呼后，便和小秦的儿子小毅一块玩要去了。

小秦问小柏妈妈怎么那么累，小柏妈妈将路上发生的事儿一股脑儿地倾诉给小秦听。末了，小柏妈妈看了眼在翻箱倒柜找小玩具的小柏，又看了眼在安安静静用积木堆城堡的小毅后，她叹了口气，羡慕地说：“唉，要是小柏有小毅一半安静就好了。”

小秦听后，不禁笑着说：“不用羡慕，说起来，我家小毅比小柏还好动。你没看到吗？从你进来后，就一直在堆积木。”

小柏妈妈不解地说：“堆积木好哇，不仅可以锻炼孩子的动手能力，还能训练孩子的专注力。我倒是希望小柏能在这方面好动呢！”

小秦说：“其实，小毅从前也好动，每天都给我闯祸。后来，我去听了一个关于‘孩子好动’的名师讲座，了解到好动其实也是孩子的一个优点。只要通过正确的引导，可以将孩子的好动转化为一种专注力。”

“该怎么引导呢？”

“就是让孩子的兴趣爱好与好动挂钩。就比如小毅，他对空间特别感兴趣，于是，我给他买了各种各样的积木，让他用堆积木的方式消耗他多余的精力。而他也对堆积木非常感兴趣，不知不觉就能堆上数个小时，堆积出了很多意想不到的城堡模型。而这就是将孩子好动转化为专注的一个过程。”小秦说。

小柏妈妈听后若有所思，她按照小秦说的，找出了小柏对逻辑感兴趣的爱好，为孩子准备了很多魔方玩具。小柏像是找到了新大陆，一发不可收地爱上了魔方。小柏将好动转移到了魔方探索上，他虽然依旧好动，但不是妈妈眼中那种调皮捣蛋似的好动了。更让小柏妈妈意想不到的是，小柏在干其他事情时，也变得越来越有耐心。

同一件事，站在不同的角度去看，得到的看法就不尽相同。同样，父母认为孩子身上的缺点，其实也可能是一种优点，关键在于是否会合理转化。孩子的好动是天性，是与生俱来的。那么，它的存在自然有它的意义。

作为父母，在面对孩子好动的天性时，首先要做的不是扼杀孩子好动的天性，而是要合理利用孩子好动的天性。父母可以从孩子的兴趣爱好入手。事实上，不仅是孩子，任何人面对自己喜欢的事情时，都会显得专注而有耐心。将孩子的好动引导到孩子的兴趣爱好上，不仅能消耗孩子多余的精力，还能培养孩子的专注力，对孩子有百利而无一害。

精雕细琢的玉石，虽然很美，但却失去了自然的灵性。极致的都是天然的，所以世界上最完美的玉石应该是自然产生的玉石。同样的，孩子真正的优秀也并不是父母刻意培养出来的，而是顺应天性发展而来的。不要将孩子的好动当成缺点，它是孩子的一种天性，顺应其天性，孩子才能变得优秀耀眼。

Chapter 4
我们不必成为完美父母，但至少要“会听话”

看到孩子抱怨、生气、发脾气……不少父母会大声吼叫，横加责骂，如此孩子就会“听话”了吗？未必。孩子烦，大人也累。其实孩子听不听话，关键在于父母会不会“听话”。

多与孩子聊聊天，了解孩子的心事，体谅他的不安、纠结、失望……父母“会听话”，孩子就听话，随后的教育也会在润物无声中完成，这比大吼大叫管用100倍。

你让孩子“言轻”，孩子便“人微”

“妈妈，我们去哪儿？”

妈妈没有回答。

“妈妈，我想去游乐场玩一会儿。”

“不行。”

“那我们能去广场看小丑表演吗？”

“不能！你怎么那么多话呢！我都快被你烦死了！”

小女孩低着头不再说话，默默地跟在妈妈身后。

如果在街上看到这样一幅场景，作为父母的我们，心里有什么感受？相信很多父母都很气愤妈妈这种刻意忽视、不耐烦的行为，也会为小女孩的被拒绝和失落感到心疼。现在，将目光放在我们与自己的孩子身上，曾几何时，我们是否也对孩子忽视或做出过不耐烦的举动呢？

当孩子鼓起勇气对父母提出一个不过分的小要求，作为父母的我们是怎么处理的？是帮孩子实现，还是忽视拒绝？一次、两次的否决，对忘性大的孩子来说并没多大影响，因为过一段时间，他们就会忘记这些不愉快的记忆，依旧是一个天真活泼的孩子。可是，当孩子被拒绝十次、百次、千次呢？孩子的心是敏感的，自尊是脆弱的，这么多次的拒绝无疑会给孩子的心灵留下不可磨灭的伤害。

从客观上看，这样的孩子会给我们一种“人微言轻”的感觉。什么是人微言轻，就是没有地位，说话没有分量。在现代家庭中，很多孩子其实都是处于一个人微言轻的地位，只不过许多父母都没有认识到这一点。但父母需要明白，正是因为父母让孩子言轻，孩子才会变得人微。而长期让孩子处在“人微言轻”的环境中，会给孩子带来许多危害。

首先，会令孩子自卑。当孩子同父母说话时，每一次回应给他的不是拒绝，就是无视，会令敏感的孩子思考：我的爸爸妈妈是不是不喜欢我？可如果喜欢我，为什么又不听我说呢？长此以往，孩子会沉浸在自己的小世界里，变得不敢说话，不敢与外界接触，从而变得自卑与内向。

其次，会令孩子叛逆。湖南卫视有一档名为《变形记》的节目，这档节目讲述的是城里小孩来农村小孩的家中生活一段时间，农村小孩去城市小孩的家中生活一段时间。通常情况下，城市小孩都很叛逆，性格偏激易怒，而农村小孩则听话懂事。

其中有一期，节目组邀请了一位非常帅气的城里小孩。孩子的爸爸妈妈都是高级知识分子，家境非常优越。然而，这样一个优越家庭环境教育出来的孩子浑身上下都是毛病。孩子小小年纪就辍学，抽烟，没礼貌，对父母咆哮，等等。

有一次，孩子和他的父母发生了争吵。孩子问：“你们给了我什么了？”爸爸回答：“给你吃，给你穿，给你用了。”孩子又问：“那你们有给我爱吗？”这句话让孩子的父母哑口无言。

原来，孩子对自己的未来很有想法。他有自己想努力考上的学校，有自己特别喜欢的专业，有自己很喜欢的兴趣爱好，有想要交往的朋友，有想要去冒险的地方……然而，每当他向父母提出自己的想法时，得到的都是父母的否决和父母为他规划好的一切。

父母每一次的否决与无视，造成了孩子的人微言轻。孩子在这样的环境中会非常压抑，继而会用愤怒与叛逆的方式与父母对抗。

此外，还会打击孩子的积极性。积极性对孩子是非常重要的，它可以支撑孩子去独立学习，独立思考，向着光明积极向上。但积极性又特别脆弱，父母的每一次否决与无视都是在削弱他们的积极性。缺少积极性，孩子的生活是灰暗的。

意识到孩子在“人微言轻”的环境中生活的危害后，父母又该如何为孩子营造一个积极向上的环境呢?

父母要尊重孩子，给予孩子平等的话语权。孩子如果有话说，父母不妨听一听孩子要说什么。如果孩子说的话合理，不妨顺从孩子；如果孩子说的话不合理，可以用适合的方式去劝导孩子。决不能站在比孩子高的高度上，对孩子说一些诸如“你知道什么”“你什么也不懂”“你乱插什么嘴”等这类打击孩子自尊心、伤害其心灵的话。孩子虽然年纪小，但他们的心有时候比成人还敏感，这些话在他们心里有时候会存在一辈子。所以，不想孩子人微言轻，首先就要给予孩子基本的尊重与话语权。

父母要耐心对待孩子，与孩子多交流。不可否认，现今社会是一个竞争激烈的社会，在外工作了一天，身体、精神无疑是疲惫不堪的，但这并不是我们用来忽视或呵斥孩子的理由。哪怕再忙再累，也要耐心地对待孩子，要耐心地听孩子说，耐心地对孩子说。多多与孩子交流，才能让孩子感受到父母对自己的关注，继而感受到爱。

著名哲学家贝克莱说过：“存在即是被感知。”想让孩子有存在感，就要聆听孩子的言语，观察孩子的表情，理解孩子的感受。只有父母看重孩子，孩子才不会感觉人微言轻。

不管对与错，听听孩子怎么说

当别人指责我们做错了一件事时，我们会急切地想要去说。说些什么呢？会说一说这件事情我们做错的原因；会诚恳地说一句对不起，并保证以后不会再错；会为自己辩解一番，说明这件事不是我们做的……所以，当别人或是我们自己指责孩子做错一件事时，你会给予孩子说话的权利，听一听孩子的解释吗？

孩子犯错并不是一件可怕的事，相反，犯错可以让孩子牢记犯错误的原因，并记住以后不会再犯。事实上，可怕的是我们父母，不管孩子做得对与错，逮住孩子就是一顿训斥，不给孩子说话的权利，也不听孩子说一说原因。

如果孩子真的做错了，温和地教导一番也无妨，可若是孩子没有做错呢？那我们的训斥无疑会像一把尖刀，扎在孩子委屈的心上。

丁丁是一个六岁的小男孩儿，他最喜欢的就是妈妈了，可就在前几天，他哭着推了妈妈一下，并大声地对妈妈说："妈妈，你是个大坏蛋！我以后再也不喜欢你了！"于是接连好几天，他都没有再理妈妈。

丁丁妈妈当时以为孩子在耍脾气，并没有找孩子聊一聊。直到最近几天，她发现孩子对她不理不睬，就算她主动上前与丁丁说话，丁丁也会跑开。

丁丁爸爸发现丁丁妈妈与孩子之间的矛盾后，就询问丁丁妈妈那一天发生了什么。

丁丁妈妈说：“那一天，我在厨房做饭，让丁丁帮忙照看一下妹妹。也不知道丁丁是怎么照顾的，让妹妹一直哭个不停。我被吵得心烦意乱，就对丁丁说了一句：‘你是不是欺负妹妹了？怎么老是把妹妹惹哭？’然后丁丁突然大哭起来，跑回自己房间，并说以后再也不喜欢我了。”

“丁丁那么喜欢妹妹，从前也没见他欺负过妹妹呀！”丁丁爸爸皱着眉头说，然后又问丁丁妈妈，“你当时有没有问丁丁为什么老是惹哭妹妹？”

“这个倒没有。”丁丁妈妈觉得，当时就丁丁和妹妹在一起，惹哭妹妹的应该就是丁丁了。

“我不否认妹妹是丁丁惹哭的，但他惹哭妹妹的原因是什么呢？你有没有听他解释呢？既然丁丁当时哭了，而且还说再也不喜欢你了，那丁丁一定是受了很大的委屈。我觉得，不管孩子做的事是对还是错，我们都该听听他们那样做的原因。”丁丁爸爸说。

丁丁妈妈听后，觉得丁丁爸爸说得很有道理，也不禁后悔当时没有听一听孩子的解释。

当天晚上，丁丁爸爸给丁丁读睡前故事，见气氛不错，丁丁爸爸就提起了前几天发生的事。丁丁听后，沉默了一会儿，他含着眼泪委屈地对爸爸说：“那天，妹妹老是将小积木放嘴里，积木上有好多细菌，我怕妹妹吃了细菌会拉肚子，就将积木从她手里拿走。可是我一拿走，妹妹就大哭。然后她又拿另外的积木含在嘴里，我拿走后她又哭。就这样连续哭了好几次。”

“然后妹妹的哭声引来妈妈，妈妈来了也不问原因，不分青红皂白就训斥了你一顿。你心里觉得委屈，所以才哭，才说再也不理妈妈了，对不对？”丁丁爸爸问。

丁丁点了点头。

“丁丁，我觉得妈妈经过这几天的反思一定知道错了。你看，妈妈不听你解释，你就那么委屈伤心，现在妈妈知道错了，你不听她道歉，她也很伤心。”丁

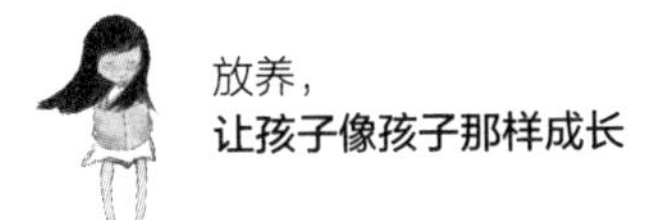

丁爸爸耐心开导。

丁丁觉得爸爸说得很有道理，第二天就理睬妈妈了，而妈妈也向丁丁道歉了，并保证以后不管什么事都会听他说一说。

当我们蒙受不白之冤时，内心一定会非常委屈、焦躁，恨不得能立马向人解释清楚。作为内心敏感的孩子，当他们遭受冤枉有口难辩时，内心的委屈与焦躁会放大数倍。这些负面的情绪像是有魔力，它们会操控孩子的思想，不是导致孩子说一些激烈的话，就是导致孩子封闭自己的内心。

就像事例中，丁丁的家庭有两个孩子。丁丁的心里有一个小天平，他会暗暗地掂量父母是喜欢他还是喜欢妹妹，当父母对妹妹的关注多过他时，他的内心会变得敏感而脆弱。所以，当他被冤枉且妈妈不听他解释时，他会非常焦躁和愤怒，甚至说出再也不喜欢妈妈这样的话，可见他当时的内心活动有多剧烈。

在孩子心中，父母是与他们最亲近的人，是他们的参天大树，他们的心里话最想告诉的也是自己的父母。而且，孩子是一个有思想且独立的个体，他们有说话的权利，有表达自己内心想法的权利。所以，当父母认为孩子做错一件事时，先不要急着去训斥孩子，而是要听一听孩子怎么说。当别人指责我们的孩子时，也不要被他人的思想所操控，就不问缘由地训斥自己的孩子，而是要保持理智，听一听孩子讲述事情的经过，听一听孩子为什么要这么做，然后去判断对与错。

如果孩子做错了，父母要鼓励孩子主动道歉。如果孩子没有做错，那就要坚定地站在孩子这一边，让孩子明白只要他做的是对的，父母会无条件支持他。父母这样的举动，还可以加深孩子的是非观，对孩子以后的成长非常有利。而这也是一个平等、民主的家庭该有的对待孩子的方式。

每一对父母都要有宽容的心，给予孩子说话的权利；每一对父母也该有耐心，听一听孩子怎么说。孩子在这样的环境中成长，才会变得积极向上、乐观开朗。

把“命令”转化为平心静气的劝导

“不准胡乱按电梯按钮！”

“不许在游乐场里乱跑。”

“不可以将食物吃一半剩一半！”

……

淘气是孩子的天性。然而，许多父母似乎还没有明白这个道理，以至于看到孩子淘气、犯错误时，就忍不住用“不准”“不许”“不可以”等之类含有命令性的词汇教导孩子。可是，当我们用命令式的语气教导孩子后，孩子有好好听话吗?

一部分孩子当时听话了，但没过多久就会再犯，而另一部分孩子根本就不听话，除非是非常自律且成熟懂事的孩子才会将父母命令式的教导记在心里。但孩子终究是孩子，他们的忘性大，玩心重，又有多少能做到成熟懂事呢！父母应该想一想，为什么孩子会无视我们那些命令式的教导？这主要是因为孩子的逆反心理。

孩子天性喜爱自由，父母命令式的教导就像是一根捆绑住他们身体的藤蔓，想要获得自由，唯有挣开藤蔓。所以，孩子会用与父母对着干、无视、再犯等叛逆行为来从父母这儿获得自由。只有抚平孩子的反叛，孩子才会真正将父母的话听到心里。而抚平孩子反叛心理的关键方法就是将我们命令式的教导转化为平心静气的劝导。

李鹿是一名作家，这一天，她约了出版社的编辑到家中商谈出版事宜。

元宝是李鹿的儿子，只有五岁，正是调皮捣蛋、爱搞破坏的年纪。所以，在李鹿与编辑谈话的时候，元宝不停地在屋子里乱窜。他从玩具堆里找到一个小鼓，对着小鼓就是一顿猛拍。

“砰砰砰”的鼓声立马打断了李鹿与编辑的谈话。李鹿想也没想，对着元宝命令道：“不准再拍小鼓，非常吵！”

元宝见妈妈脸色很严肃，就放下了手中的小鼓，跑到垫子上安静地玩起了自己的变形金刚。可能是孩子的忘性比较大，没过一会儿，元宝就忘记了妈妈的呵斥，他又从玩具堆里找到了一个小皮球，在地上拍了起来。

皮球与地板相碰撞，发出了巨大的砰砰声。毫无意外，这一次李鹿与编辑的谈话又被打断了。李鹿皱着眉头，再次命令元宝：“不许在家里拍皮球，我对你说过很多次了。”

妈妈的命令让元宝一愣，他放下皮球，一个人躲在角落里。可是，没等一会儿，他又找到了他的新玩具，是一架小飞机。元宝忘记不开心，他手里拿着小飞机不停地在屋子里跑来跑去，想象小飞机在天空飞翔的样子。然而，他来回跑不仅发出了噪声，还晃得李鹿无法专心与编辑交谈。

就在李鹿再要训斥元宝时，编辑开口阻止了，她笑着说：“你这样命令孩子不许干这、不许干那是行不通的，你应该告诉孩子原因，然后再平心静气地劝导一番。”说完，在李鹿不解的目光中，编辑又对元宝说，“元宝，阿姨和妈妈要谈很重要的事，原本我们可以很快谈完，然后陪你一起玩，可是你总是发出各种各样的声音打断我们，让我们谈到现在都没有谈好。所以，为了我们能快点陪你玩，你可以安安静静地坐在小垫子上看一会儿书吗？”

元宝听后，想了一会儿，放下手里的小飞机，跑到垫子上看书了。一直到李

鹿她们谈完，他都没再发出一点声响。通过这件事，李鹿也明白了，教导孩子不能一味地去命令，有时候平心静气地去劝导似乎更加有效果。

从事例中不难看出，父母命令式的教导不仅没能让孩子听话，还对孩子的心灵造成了一定影响。可见，用命令式的语气教导孩子没有丝毫好处。作为合格的父母，就该将那些带有命令式的话语设为禁语，尝试着用平心静气的语气去劝导孩子，或是转移孩子的注意力。

父母要怎么平心静气地去劝导孩子呢？首先要端正自己的态度。既然是平心静气，那么态度自然是温和的，自己的思想也要一片清明。如果态度严肃、激烈，思想焦躁混沌，那这样不是劝导孩子，而是成了训斥、批评孩子。其次，劝导时要有条理性。这里的条理是：你不能这么做，你这么做会产生什么不好的影响，怎么做才是正确的，做得好可以给予适当的奖励，等等。用平心静气的态度且条理清晰的语言劝导孩子，孩子一定会听从。

至于转移孩子注意力，通常用在孩子固执己见的时候。

每一个孩子都有自己的个性，而有些孩子天生就比较倔强固执，哪怕父母再怎么劝导，孩子都听不进去。这时候，相信很多父母会被孩子的不听话、无视激起怒火，继而训斥孩子，这样做的结果不但不会令孩了顺从，而且令他们更加叛逆。在好好劝导行不通时，只能用转移注意力的方法来悄悄转移孩子的负面情绪，等负面情绪消散后，再对孩子好好劝导一番即可。

在所有教育孩子的手段中，命令式的教育方法是最简单粗暴，也是效果最差的。可以毫不夸张地说，用命令式教育法根本教育不出一个优秀孩子。只有平心静气去劝导孩子，孩子才能改变思维，将父母的教导记在心里。

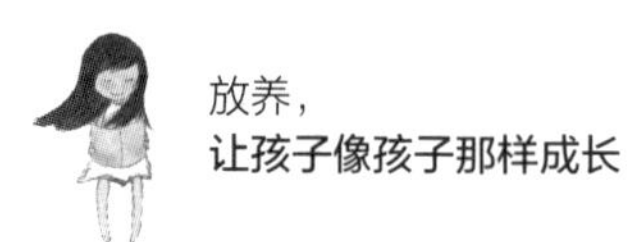

对孩子讲道理，不如听孩子说道理

“妈妈有没有告诉你，讲礼貌的小朋友是不说脏话的？”

“你怎么又跑到马路中心了？马路上都是车，被撞到了怎么办？”

“妈妈和你说了很多次，不要碰插座，插座是有电的，你被电到怎么办？”

……

小区内，又响起了李沁对女儿的说教声。

李沁是一名家庭主妇，有个六岁的女儿叫萌萌。萌萌人如其名，长得又萌又可爱，可是小姑娘的性格一点也不萌，一天到晚调皮捣蛋，没有一刻停歇的时候。之前，萌萌都是由爷爷奶奶带着的，可是萌萌太闹腾，爷爷奶奶实在没那个精力照顾，于是照顾孩子的重任只好落在了李沁的身上。为此，李沁还特地辞职在家。

这一天，李沁将萌萌哄睡着了，她疲惫不堪地倒在沙发上，那模样就跟跑了一场马拉松似的。萌萌爸见状，不禁打趣道：“带小孩真有那么累吗？”

“萌萌太皮了，我和她讲道理，她就是不听，你说累不累？”李沁不禁对萌萌爸翻了个白眼，“带小孩，上班，我倒宁愿选择上班。”

萌萌爸笑着说：“萌萌比一般小孩是顽皮一些，但她的思想相对比别的孩子也要成熟一些。不如你换一种教育方式，不要总是对萌萌讲道理。”

“不对萌萌说道理，那萌萌还不闹翻天？”李沁不赞同。

“你不对她说道理，但你可以听她说道理。”萌萌爸说完，表示周末由他照顾孩子，看一看这种教育方法是否适合萌萌。

周末的时候，李沁和萌萌爸带孩子出去踏青。

萌萌玩得开心之际，随手就将手里吃的零食袋子扔在了地上。李沁刚要和萌萌说道理，萌萌爸就率先开口了：“萌萌，你把什么丢在地上了？”

萌萌停止了玩耍，看了一下丢的东西，回答说：“是零食袋子，我已经吃完了。”

“那这零食袋子属不属于垃圾？”萌萌爸问。

“属于。”萌萌点头。

萌萌爸又说：“既然是垃圾，那要把它扔到哪里呢？”

“垃圾桶。”萌萌说。

“你知道我们为什么要将垃圾扔进垃圾桶内吗？”萌萌爸问。

萌萌歪着脑袋想了一下，说：“乱扔垃圾是一种不礼貌的行为，而且将垃圾扔得到处都是，会影响环境卫生，也会加重环卫工人的工作负担。”说完，萌萌捡起零食袋子，将其丢进了不远处的垃圾桶内。

神奇的是，萌萌此后再也没有随地乱扔垃圾的坏习惯了。有时候，她没有看到公共垃圾桶，她也会将垃圾拿在手里，一直到扔进垃圾桶为止。李沁仿佛找到了教育萌萌的正确方式，她以后再也不对萌萌说那些大道理，而是听萌萌给她说道理。凡是萌萌自己说出的道理，她都牢牢记在心里。

相信很多父母都和李沁一样，在教育孩子的时候以说教为主。然而，那些喜欢说教的父母所教育出来的孩子又是怎样的呢?

这些孩子，绝大多数都在渐渐丧失倾听的兴趣。父母说的道理，他们左耳进右耳出，丝毫没有记住。这是为什么呢？在心理学上，这被称为“道理免疫效应”。就是说，当父母对他们说道理时，他们会在自己的内心砌起一道高墙，十

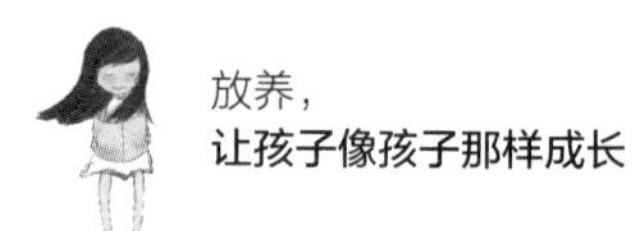

分抗拒听这些道理。即使父母说得对、应该虚心接受的道理，孩子依旧会本能地排斥。

孩子不愿意听或听不进去道理，父母则会重复地去说。那些长篇大论的大道理说起来，有时候我们自己听都会有一种头皮发麻、莫名觉得内心疲惫的感觉，更别提每天都在听道理的孩子了。以至于父母在孩子面前讲的道理越多，孩子就越不听话，甚至孩子还会因为逆反心理跟父母对着干。

不可否认，相对于命令式、暴力式等教育方法，给孩子讲道理的说教式教育方法算不错的。但从某种程度上来说，长期不停地对孩子说教也会带来不少弊端，比如会使得孩子不能对一件事进行深入的逻辑思考；会使孩子失去判断力；会激增孩子烦躁、愤怒等负面情绪；会使孩子丧失理解、体谅他人的行为，等等，长久下去，对孩子以后的成长非常不利。

法国著名思想家、教育家卢梭说过，世界上有三种对孩子不但无益反而有害的教育方法，讲道理就是其中之一。既然对孩子说道理孩子不听，那父母不如换一种教育方法，听一听孩子说道理。

相信该说的道理，父母应该都对孩子说过，而还没有说过的道理，不如等孩子自己来总结。那么，具体该怎么引导孩子来说道理呢？

当孩子做错一件事时，先不要立马给孩子打上“你做错了”这个标签，要引导孩子意识到自己做的是一件错事，然后再说一说错误的做法带来的影响，以及正确的做法。就比如事例中的萌萌，当萌萌把零食袋子扔到地上时，爸爸没有直接点出她将垃圾扔到了地上，而是询问萌萌扔了什么在地上，然后又问零食袋子属不属于垃圾。当萌萌思考到零食袋子属于垃圾时，她的思维会立刻告诉她，垃圾要丢在垃圾桶内，且乱扔垃圾会带来哪些不好的影响。让孩子意识到错误，并自己说出正确的做法，这样的教育方式比说教一万次要管用。

对于还没有和孩子说的道理，父母要耐心地一步步引导孩子去说，孩子自己总结出来的道理，他们能很快接受，其印象也会比父母说给他们听时要深刻得

多。怎么引导孩子去总结道理呢？例如，孩子乱按电梯按钮的坏习惯。

父母可以问孩子：“你知道电梯为什么会升降吗？”

孩子会回答：“是因为我们按了电梯层。”

父母说：“正确的说法是电梯程序控制电梯上升或下降的。那你知道，电梯程序像人体中的哪个器官吗？”

孩子会回答：“像大脑。”

父母这时再问：“没错。当我不停地对你下达这个命令那个命令时，你的大脑会怎么样？”

孩子回答：“会晕乎乎的，记不清。”

“同理，你胡乱按电梯按钮也是在给电梯的大脑不停地下命令，命令多了对电梯的大脑有什么影响呢？”

孩子会总结：“会大脑混乱，然后出现故障。”

至此，孩子便能深刻地意识到胡乱按电梯按钮造成的后果，并牢牢记住乱按电梯按钮是不对的。而用引导的方式让孩子总结道理，远远比父母给孩子说道理要有用得多。

当然，有些时候让孩子自己说道理，他也有可能会再犯。但他每次犯时，父母可以再问他一次。久而久之，孩子自己说多了也觉得烦，为了不想再说，就会牢牢记住不要再犯。所以，父母在说教孩子时，对孩子说道理，不如听孩子说道理。

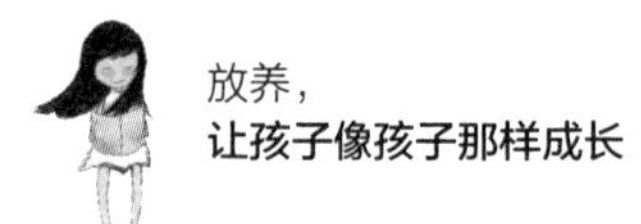

孩子的喜怒哀乐，他来说你来听

人是感情动物，有喜怒哀乐的情绪。当我们的情绪非常膨胀时，便急切地想要找一个人分享。与他人分享我们的欢喜，我们心里的欢喜会更甚；与他人分享我们的哀伤，我们心里的哀伤会减半；与他人分享我们的愤怒，我们心里的愤怒会慢慢削弱……成年人尚且需要与他人分享情绪，更别提敏感且不懂得控制自己情绪的孩子了。

孩子是一个独立体，从他出生后，喜怒哀乐的情绪将伴随他们一生。由于他们年龄尚小，感官往往比成年人要敏锐，以至于他们的喜怒哀乐往往会被扩大很多倍。比如，明明对父母来说是一件微不足道的小事，对孩子来说却是一件天大的事。

对比成年人来说，孩子的控制力要弱太多。当他们内心的情绪波动较大时，他们不懂得自我控制与调节。以至于当他们欢喜时，会将欢喜表现在对人说个不停的行为上；当他们愤怒时，会将愤怒表现在歇斯底里的怒吼或对人与物的拳打脚踢中；当他们哀伤时，会将哀伤表现在没完没了的大哭中；当他们快乐时，会将快乐表现在闹腾和调皮捣蛋中。这个时候，如果父母能安静地听一听孩子的心声，分享他们的喜怒哀乐，就能有效地安抚孩子的情绪，从而阻止孩子调皮捣蛋和胡乱发脾气。

在孩子心中，他最想亲近的人就是父母，他心中的喜怒哀乐最想分享的人也是父母。然而，作为父母的我们，当孩子想要对我们敞开心扉，想要说一说他们的心事时，我们都有耐心听他们说一说吗？

张颖在一家大企业担任总监，是一位职场“白骨精”，而她职场上耀眼的成绩都是她用大量时间拼搏出来的。可想而知，她留给家庭的时间少之又少。

这一天，张颖下班回家，劳累了一天的她一进家就倒在沙发上想要放松一下。这时，她七岁的儿子童童开心地走到了她的面前。

童童是一个非常聪明的小男孩，现在已经是一名小学二年级的学生。在前几次的考试中，他都没有考过满分，但这一次期中考试，他语文和数学都考了满分。对于这样一个令人开心的好消息，他最想分享的人就是妈妈。

然而，童童刚刚走到沙发边，张颖就对他挥了挥手，说：“童童乖，自己玩一会儿，妈妈现在很累，想休息一下。”

童童脸上的笑意一下子消失了，他嘟起小嘴，不情愿地去一边玩了。

晚上吃饭的时候，童童再次想要告诉妈妈这个好消息，可是他刚开口喊了一声妈妈，妈妈的手机铃声就响了。张颖对童童说：“童童乖，你自己先吃饭，妈妈接一个电话。”然而，这个电话一接就接了半个多小时。

童童心里忽然感觉很委屈，他多么想要与妈妈分享这个好消息，可妈妈为什么就不肯听他说呢？童童安慰自己，是因为妈妈太累太忙了。他打算在妈妈吃完饭后，再对妈妈说一次。就在妈妈吃完饭后，他笑着说：“妈妈，我有一个……”

童童还没说完，再次被张颖打断了。张颖快速收好碗筷，对童童说：“妈妈一会儿在家加个班，你在客厅玩耍要小声点，或是回自己的房间看看书。”

童童再也忍不住了，他的眼泪一下子流了下来，他什么话也没说，跑回自己房间后，“砰”的一声，非常大力地关上门。而妈妈张颖则皱起眉头，似乎很不明白童童为什么发这么大脾气，但很快，她的思绪就被工作的事占据了。

接下来的几天，童童都冷着小脸，对张颖不理不睬。即使张颖的神经再粗大，她也发现了童童对她的疏离。她问童童怎么了，童童也不说。直到她帮童童收拾卧室时，才在垃圾桶里发现了童童这几天不对劲的真相。

原来，童童那天回到房间后，他非常愤怒地将考了满分的试卷撕了个稀巴烂，直接扔到垃圾桶里。张颖突然想起，那一天恰好是童童考试成绩出来的一天，而且童童好几次对她开口，但都被她打断了。张颖意识到，她的行为严重伤害了童童。她将孩子撕碎的试卷从垃圾桶里拿出来，小心翼翼地粘好。

晚上，张颖特地挤在童童的床上，给童童说了好几个童话故事。最后，张颖亲吻了一下童童的额头，真诚地说："童童，妈妈要和你说声对不起。以后你有什么快乐的事、不快乐的事，只要你愿意与妈妈分享，妈妈一定认真听你说，好吗？"说完，张颖从身后拿出了被撕碎的试卷。

童童一下子明白过来妈妈为什么要对自己道歉了，他嘟着小嘴，接过试卷说："看你把试卷粘得这么认真的份上，我原谅你那天的行为了。"

就这样，母子俩和好如初。

童童考了满分是一件非常开心的事，当他迫切地想要与妈妈分享这个好消息时，妈妈却不愿意聆听。最后，一件开心的事演变成一件令人伤心气愤的事。可见，父母的不愿意听会给孩子的情绪带来多么大的负面影响。

不可否认，当今社会快速发展，竞争非常激烈。一名女性想要在职场上做出漂亮的成绩，无疑要付出更多的时间与努力。但是，这并不是忽视孩子的理由。工作很重要，但孩子更重要，因为我们工作是为了给孩子好的生活，工作的目的无疑是为了孩子。所以，父母要做的是，要平衡工作与家庭的关系，抽出时间听一听孩子的喜怒哀乐。

当孩子主动与父母分享喜怒哀乐时，父母要将自己摆在与孩子同等的位置，要认真地去聆听，并给予孩子回应。例如，当孩子说到欣喜或开心的事时，父母也要表现得很欣喜、开心，因为父母的欣喜与开心是孩子欣喜与开心的催化剂，令他们的心情更加美好；当孩子说到伤心或愤怒的事时，父母认真聆听后，要在第一时间安慰孩子，耐心地抚平他们的情绪，之后再与孩子说一说自己对这些伤心或愤怒的事情的看法，帮助孩子走出低迷的情绪。

有时候，孩子会处于被动状态，父母不问，他们绝不会向父母吐露心声。这时候，父母可以观察孩子的表情和行为，以此来判断孩子的心情如何。不要担心观察不出孩子的情绪，因为孩子都将喜怒哀乐写在了脸上和表现在肢体语言上。

例如，当发现孩子眉眼上翘，嘴角带着微笑，整个人非常闹腾活泼时，那就表示孩子一定遇到了什么开心的事，这时候父母可以主动询问孩子是不是碰到了什么开心事；当孩子愁眉苦脸，嘴巴高高噘起，整个人无精打采时，毫无疑问，孩子一定是碰到了伤心难过的事，或是让他苦恼的事，这时候父母可以主动询问孩子发生了什么。

在孩子还没有掌握发泄自己多余情绪的办法前，父母就是孩子的发泄点。不管是好的坏的、开心的难过的，我们都要将这些情绪一碗兜，做一个知心好妈妈，或是知心好爸爸。

善于倾听，你就能赢得孩子的心

很多时候，父母与孩子相处时，都是父母在说，孩子在听。当父母说得越多，孩子就越发沉默。其间，当父母询问孩子时，孩子也都沉默不言。长久下去，父母便无法理解孩子的内心想法，甚至有时会埋怨孩子为什么不对他们吐露心声。回过头来看，父母与孩子之间的那道无形屏障，其实是父母一手造成的。

不可否认，孩子对某些事情的是非观不明确，但是他们却能明确自己的情感，能感受到谁对他们好，谁对他们不好。他们判断的标准，除了物质上的给予、行为上的关爱外，最大的标准其实是是否愿意聆听他们的话。

在孩子心中，愿意听他们说话的人，就是喜欢自己的人，而不愿意听他们说话的人，就是不喜欢他们的人。所以，当父母不愿意听孩子说话时，孩子会本能质疑爸爸妈妈是不是不爱我，这会使孩子慢慢封闭自己的心，以后有什么心里话会本能地选择不告诉父母。久而久之，这也会导致孩子的心理朝不利的方向发展。

在这个世界上，孩子非常明白，与他们最亲近的人就是父母。所以，父母想要打开孩子的心扉并不难，关键在于是否认真倾听孩子的话。如果父母能有耐心地听孩子去说，那么会轻而易举赢得孩子的心。

周末是一周里最美好的时光，忙碌的人们都会在周末好好放松一下自己。可是这个周末对冯楠家来说却是天翻地覆的，因为冯楠上小学二年级的儿子突然离家出走了。

冯楠的儿子小名叫岩岩，上小学二年级。就在今天早上，冯楠和往常一样，八点钟准时喊岩岩起床吃早饭。可是打开岩岩卧室的房门，岩岩的床居然铺得整整齐齐，而卧室里也没有岩岩的身影。

当时，冯楠的心“咯噔”一声，因为以往每个周末，她连拖带喊才能把爱赖床的岩岩喊起来，可今天怎么会自己起来了呢？她将书房、卫生间全都找了一遍，都没有发现岩岩。这让冯楠不禁慌张起来，连忙跑去找岩岩的爸爸：“不好了，岩岩不见了！”

岩岩爸爸观察了岩岩的卧室，发现岩岩是在早上离开的，他不禁说：“我怀疑岩岩是离家出走了。”

“离家出走？岩岩为什么要离家出走？”冯楠的语气带着哭腔，许是想到什么，她突然说，“难道是因为昨天晚上我责怪了他？”

见岩岩爸爸皱着眉头看着自己，冯楠不禁说起了前一天晚上的事：“平常，岩岩放学后半个小时就能到家。可是昨天，他整整迟了两个多小时才到家。我看他回来晚，又满头大汗，就责怪他是不是在外面玩而忘了回家。岩岩当时没有反驳，我就更加肯定自己的猜测，批评了他十几分钟。没想到，这个孩子居然用离家出走来报复我！”

“现在说什么都晚了，目前最重要的是找到岩岩。你去打电话报警，看看警察给不给立案，然后再打电话问问亲朋好友，问问岩岩是否去了他们那。我去外面找找，也有可能岩岩就在附近。”岩岩爸爸有条不紊地吩咐。

就在冯楠刚要打报警电话时，家里的电话铃声响了。岩岩爸爸接过后才知道，原来岩岩是去了爷爷奶奶那。爷爷奶奶猜测岩岩一大早独自来找他们，一定是瞒着爸爸妈妈的，就打电话通知一声，结果真如他们所料。

冯楠和岩岩爸爸知道岩岩的下落后，立马去了老人的家。

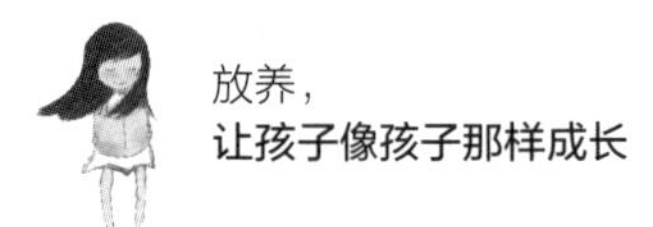

冯楠看到岩岩后，又气又心酸，刚想将岩岩抱在怀里指责一番他离家出走的行为时，岩岩猛地推开了冯楠。岩岩大声说："妈妈不喜欢我，我也不喜欢妈妈。"

"妈妈喜欢你呀，岩岩。妈妈怎么可能不喜欢你呢？"冯楠感觉自己的心被刀刺了一下，眼泪不由自主地流了出来。

岩岩却说："如果你喜欢我，为什么你不听我说话呢？昨天晚上我回家晚了，我根本没有玩，是因为老师带我和班里其他几个同学去医院看望生病的数学老师了。可是我回家后，你问也不问，直接给我定罪。你一个劲儿地指责我，还不给我解释的机会。这样的妈妈，我一点也不喜欢。"

岩岩的话令冯楠一脸羞愧。

冯楠不爱孩子吗？答案肯定是爱的。而她爱的方式则是"爱之深，责之切"。但这种爱的方式对于年幼的孩子来说，他无法理解，他只能感受到父母的责骂，而无法感受到爱意。孩子对爱的理解很简单，亲亲他、抱抱他、言语上关心他、物质上给予他，最后就是多多倾听他。

事例中的冯楠与岩岩的矛盾不是三言两语就能当场和解，因为冯楠不愿意聆听孩子的行为已经在孩子的心灵上烙下印记。所幸的是，这抹印记不是永久的，它可以被擦去，但却需要很长一段时间，而擦去印记的"橡皮"名叫"听"。

倾听孩子吐露心声是一种美德，当你认真地注视着孩子，听孩子说完他的想法或心事后，会让他有一种被父母重视的感觉。父母的聆听除了能表达对孩子的爱意外，还可以帮助孩子发泄心中的负面情绪，对孩子身心健康发展非常有利。而孩子回报给父母的，是他们那颗赤诚之心。

需要注意的是，孩子在向父母吐露心声，尤其是他们发牢骚时，父母绝不能随意打断，也不要听得心不在焉，因为这会给孩子一种非常糟糕的体验，会令孩子的情绪负面化。

此外，父母最好可以每天抽出一定的时间与孩子单独相处，这个时间内最好

是在晚饭后，时间不需要有多长。在这个时间段内，父母可以陪孩子看一看他们喜欢看的动画片，也可以与孩子交流一番。交流些什么呢？可以问一问孩子在学校发生了什么有趣的事，最近一段时间学习有没有压力，碰到了哪些学习中的困难，下一次放假想去什么地方游玩，等等。有时候，当父母打开了话匣子，孩子才会愿意对他们吐露心声。

我们与他人交谈，多听他人去说，会让我们结下深厚的友谊。我们花点时间去听孩子说，会让我们与孩子之间的关系更加密切。

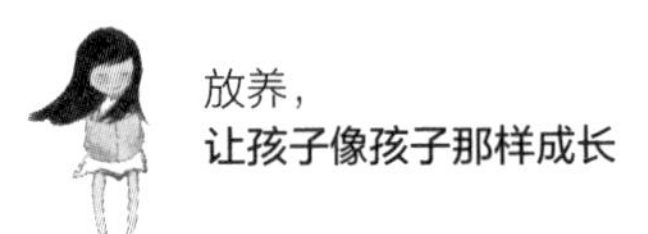

与孩子商议，听一听孩子的想法

“晚上只能看半个小时电视，看完后就去写作业。”

“周末不能出去玩，你要将前一段学习的功课好好复习一下。”

“你没有学习艺术的天赋，妈妈给你报一个武术班。”

……

相信很多父母都对孩子说过这些强制命令性的话，都善于替孩子做主，从不顾及孩子的感受与意愿。而长期不听孩子的想法与意见，父母想过后果吗？父母不听孩子的想法与建议，会使孩子的性格朝着两个极端发展：一是变得没有主见，做事优柔寡断；一是变得抑郁焦躁，动不动就发脾气或大吵大闹。

或许，很多父母无法体会到孩子被父母做主时的感受，在这儿，我们不妨将自己代入这样一些事情中：公司不与你商量，直接派你去外地出差；同事不管你是否有事，直接拉你去公司组织的聚会；夫妻不相互商量，由一方直接做主贷款买了房……相信每一位父母都有这样一个感受：不被尊重。

其实，当父母剥夺孩子的自主权，替孩子做主时，他们内心也会感到不被尊重。可能有不少父母会说我替孩子做主时孩子并没有不赞同。父母可以回忆一下，当你替孩子做主时，孩子有欣然说好吗？相信绝大多数时候，孩子都是沉默的，或是不情愿地点点头，而这也恰好是孩子表示抗议或抗拒的最直接证据。

岑岑今年八岁了，还没入学前，她是一个非常闹腾的小女孩，可爱的外表和活泼的性格特招人喜欢。可是上了小学后，她的性格渐渐变得安静、不爱说话，有时家里来了客人，她打完招呼就回自己的房间。

有好几回，客人都问岑岑妈：“岑岑小时候可调皮了，怎么现在变得这么安静？她是不是有什么心事啊？”

岑岑妈是一个大大咧咧的人，每一次都笑着回答：“小女孩都这样，长大懂事了，就知道不能像小时候那样皮了。”

就这样，岑岑不知不觉已经读小学三年级了。由于岑岑妈是一名职场女性，什么事都喜欢规划好，所以她会替岑岑制订学习计划，每一天都会布置额外的作业。为了让岑岑能将精力全都放在学习上，她还退了岑岑最爱的舞蹈兴趣班。

在岑岑妈鞭策下，这一次期末考试岑岑考了班级前三名，让岑岑妈非常高兴。岑岑妈为了奖励岑岑，便提议出去玩。于是，她问岑岑：“你想让妈妈带你去哪儿玩？海洋馆、博物馆、儿童乐园，这三个，你自己选一个？”

岑岑听后默不作声，并没有表现得很兴奋。

看到岑岑这样，岑岑妈不禁皱起了眉头，她一个个问：“我们去海洋馆？”

岑岑没有回答。

“你不想去？那我们去博物馆？”岑岑妈又问。

这一次，岑岑低着头，依旧默不作声。

“既然如此，那我们就去儿童乐园。”岑岑妈决定了。

就这样，岑岑妈带着岑岑去了儿童乐园，但让岑岑妈恼火的是，岑岑什么项目都不玩，就这么在儿童乐园逛了一圈。回到家后，岑岑妈一脸气愤，岑岑爸就问怎么了。岑岑妈生气地说：“还不是岑岑，昨天同意去儿童乐园玩，可到了又不玩，白白浪费了好几百块钱的门票。”

被批评的岑岑低着头，看上去就像是一个被遗弃的小女孩。岑岑爸不禁心疼起来，他牵着岑岑的小手，问：“岑岑，你告诉爸爸，你想去儿童乐园玩吗？”

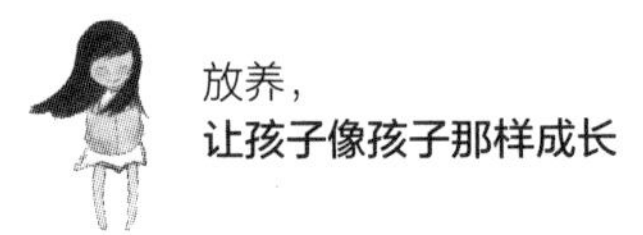

岑岑低着头，小声说："不想。"

"那你怎么不和妈妈说呢？"岑岑爸问。

岑岑平静地说："说了和不说又有什么不一样呢？反正妈妈都会给我做决定。"

看到岑岑的故事，身为父母的我们应该很为这个小女孩心疼，她仿佛对自己的未来充满了绝望，没有一点她这个年纪该有的活泼与朝气，无时无刻不是死气沉沉的。

我们毋庸置疑，岑岑从小时候的活泼变成现在这般安静，完全是妈妈一手造成的。妈妈不听一听岑岑的建议，就直接为岑岑制订了学习计划、布置数不清的作业，甚至直接退掉了岑岑最爱的舞蹈兴趣班，即使岑岑鼓起勇气反抗，但妈妈依然私自决定了。种种不顾岑岑想法的行为，都足以击溃岑岑那颗鲜热的心。

不可否认，有些父母并不是天生就爱替孩子做主，很大一部分原因是孩子自己拿不定主意，或是孩子非常不自觉，需要父母去强制他。但不管怎样，我们都不能直接替孩子做决定，应该要给予他们自主权，与他们商议。在与孩子商议前，父母需要注意这样一些陋习：

不要对孩子摆出严肃的神情。不管是孩子还是我们成年人，当我们与一个人交谈时，如果对方的神情非常严肃，那么我们会不自觉地关闭话匣子，不愿意说出心里话。所以，父母与孩子商量一件事时，如果摆出一副严肃的神情，会让孩子本能地躲避与父母说话，更别说与父母商议了。而且，长久下去，孩子也会变得沉默。因此，父母要分清楚面对工作和家庭的态度，工作可以严肃对待，但孩子不可以时刻严肃对待。只有当孩子犯错了，我们才可以给孩子看看我们严肃的表情。

不要用命令或强制的口吻与孩子说话。孩子在父母面前从来都是弱小的一方，如果父母用命令或强制性的口吻对孩子说话，会让孩子本能地屈服在父母的强硬之下，不敢说出自己的想法。就比如父母强硬地询问孩子："就买这支钢笔吧？”虽然是询问，但语气中却带着不容拒绝的命令，面对这样的问话，孩子只会顺从。如此，还谈什么听一听孩子的想法与建议呢？如果父母真的想与孩子商量，那么就该用温和的语气对孩子说话，让孩子感受到父母的诚意和对他们的尊重。

此外，父母还要改变一下对“孩子还不懂得做主”的看法。不可否认，对于年纪小的孩子来说，他们确实不懂得自己做主，很多时候都是父母说什么就是什么，很少会说出自己的想法。但是，父母不能让自己帮孩子做主的行为形成习惯，应该要从点点滴滴的小事入手，帮助孩子训练自己做主的意识，让孩子尝试着说些自己的想法与意见。久而久之，孩子就会变得非常有主见、有想法，而这对孩子的未来非常有益。

父母与孩子相处时，父母不能唱独角戏，很多时候，我们要学会当一当配角，让孩子做一做主角。父母懂得与孩子协商，孩子的智慧才会迅速成长。

孩子的自我批评更具有纠正力

每一个孩子在成长过程中都会犯错，也都挨过批评。只不过，有些孩子在受到批评后，会主动反思自己的错误行为，继而进行改正，这样的做法无疑是每一位父母所渴望的。但有些调皮的孩子在受到批评后，不仅从不反思自己的错误行为，反而会依旧我行我素，继续犯下相同的错误，这样的行为无疑会惹恼父母。

因此，面对孩子屡教不改的错误行为时，很多缺乏耐心的父母常常会失去理性，那些批评孩子的话也会变得简单粗暴，甚至有时候会对孩子动手。事实上，这样的批评方式并不能让孩子改过，反而会给孩子的心灵带来巨大的伤害。

通常来说，孩子不理会父母的批评，是因为他们心不在焉。他们除了不正视自己犯下的错误外，对父母的批评也像是在听一串不走心的乐符，在心里留不下丁点儿波澜。有时候，即便听进了父母的批评，但因为逆反心理，也会选择与父母对着干。想要孩子反思错误，父母首先要做的就是引导孩子正视自己犯下的错误。如何让孩子直视自己犯的错呢？可以让孩子自我批评，让他自己说，你来听。

小满读小学三年级，是一个活泼可爱的小姑娘。但让人头疼的是，小姑娘虽然长得漂漂亮亮的，但字却写得很难看，一眼看上去仿佛是车祸现场，简直惨不忍睹。为此，小满妈妈在小满开学之初，特地找到了小满的老师，希望老师可以

给小满安排一位字写得特别好看的同学做同桌，达到带动小满练好字的目的。

老师非常爽快地答应了，给小满安排了一个钢笔字写得超级好看且获得了很多书法奖的同学。如小满妈妈期望的那样，小满看到同学的字后，一下子对练钢笔字感兴趣，还央求妈妈帮她报了书法班，买了很多字帖回来。

起初，小满都准时去上书法班，每天都会抽出一定的时间临摹字帖，平时写字也都注重干净整洁。可是，小满妈妈没有欣慰几天，小满又原形毕露，恢复到以前写字散漫的模样了。

每一次去书法班学书法时，小满都拖拖拉拉，甚至有时候会找借口推脱不去；每天临摹字帖的时间也都花在了玩或看动画片上，就算临摹，也都临摹到了字体外，让人一眼看出在赶任务；平时写作业的时候字也都随心所欲地写，写错了就划掉重写，整个页面乱七八糟。

小满的老师也很好奇，小满前一段时间字还写得认认真真，怎么这些天一下子又变回原形了？为此，老师特地找到了小满妈妈。

小满妈妈叹气地说：“小满这孩子，做什么事都三天打鱼两天晒网，就为练字这事，我批评她很多次，说了太多的道理，可是她就是听不进去，待会儿我再批评她一番。”

老师听后，不赞同地说：“小满妈妈，你批评了小满那么多次，可是她依旧我行我素，我想，她一定是没将你的话听进心里，也没有正视好好练字这件事。”

“那该怎么办呢？难道放任她，不批评她？”小满妈妈一脸不解。

老师笑着说：“做错了事，当然要批评。不过不是我们去批评她，而是让她自我批评。”

在小满妈妈好奇的目光中，老师叫来了小满。

老师很随意地问小满：“小满，你的爸爸妈妈辛苦不辛苦？”

小满想到爸爸妈妈经常工作到半夜两三点，有时候周末也都去单位，而且他们还要照顾她，做家务，不禁点点头说：“辛苦。”

“那爸爸妈妈为什么要那么辛苦呢？”老师又问。

“是想要给我好的生活。”

“是的。你看，你的妈妈送你去上好几百元一堂课的书法兴趣班，帮你买那么多的字帖，是希望你能写一手好字，因为一手漂亮的字对你以后的人生很有帮助。爸爸妈妈为你创造的条件其实都是他们用辛苦的劳动换来的。小满，你现在有没有意识到自己做错了一些事情呢？”

小满听后，不禁低下头说：“我错了，我不该偷懒不去上书法班，我不该胡乱地临摹字帖，我不该不用心写字。”

小满真的意识到自己的错了，此后她每一次都积极地上书法班，认真地临摹字帖，一段时间后，小满的字有了很大的进步，而她也真的喜欢上了练字。

很多孩子和小满一样，心血来潮特别想学什么，就央求妈妈带自己报名去学。可是学到一半，就想半途而废。父母又是说道理，又是严肃批评，但效果甚微。归根结底，还是孩子没有正视自己的行为有何不妥。

面对这样的情况，我们不妨学一学小满老师的做法，引导孩子正视自己的问题，然后再进行自我批评。看到这儿，很多父母会怀疑，孩子懂得自我批评吗？不要怀疑，孩子有时候比父母还清楚自己错在哪儿，清楚自己需要改正什么。因为每个孩子都有自己的认知，都有一定的分辨自己行为是好是坏的能力。

孩子做错事，自然要批评，但批评并非要父母去批评，有时候我们可以静下心，听一听孩子的自我批评。当孩子自我批评时，他们才会认真地自我反思，自我纠正。这么看来，是不是比我们批评他们的效果更好呢？

Chapter 5
放养不放任，用兴趣引导孩子成长

放养，就是不强迫孩子去努力，而是诱导孩子的兴趣。兴趣是孩子对事物的主动选择，会让行动变得持久且目的明确，接下来的努力也就顺理成章了。

兴趣是最好的老师。对于孩子来说，他一旦对某一事物产生兴趣，就是教育的最佳时机，此时进行教育会收到事半功倍的效果。

把学习变成“好玩”的事情

紧盯着孩子学习，催促孩子学习，已经成为当今家长的通病。有的家长更是过分，不断地逼迫孩子学习，给孩子报培训班；监督孩子学习，生怕自己一疏忽，孩子就偷懒玩耍；把孩子的时间安排得满满的，让孩子每天学习到十点多……

可家长这样费心费力，孩子就能够安心地学习，喜欢上学习吗？

不，事实正好相反。家长越是如此，孩子对于学习的态度就越消极、冷漠、排斥。在他们眼中，学习就是痛苦的事情，是父母逼迫自己不得不做的事情。

正如美国教育家格伦·多曼所说：“学习是生活中最有趣和最伟大的游戏。所有的孩子生来就这样认为，并且将继续这样认为，直到我们使他相信学习是非常艰难和讨厌的工作。有一些孩子则从来没有真正地遇到这个麻烦，而且终其一生，他都相信学习是唯一值得玩的有趣的游戏。我们给这样的人一个名字——天才。”父母们的逼迫和紧盯扼杀了孩子学习的兴趣，在这个过程中，孩子的心情和情绪受到了极大的影响，积极性和热情也受到了打击，自然就更加厌倦学习了。

简单来说，学习讲究兴趣，有了兴趣，孩子才能爱上学习，并且把艰巨和讨厌的任务变成有趣好玩的事情。一旦孩子对学习产生了兴趣，那么家长们便不再费心，孩子的积极性也差不了。

六岁的楠楠苦恼地对妈妈说：“妈妈，我今天不想去上学了！”

“为什么？”妈妈不解地问道，“上学有什么不好的吗？”

楠楠没有回答妈妈的话，仍是坚持自己的意见说：“我就是不想去上学，今天您就让我休息一天吧！”

妈妈的第一反应就是拒绝了楠楠的要求，严肃地说：“不行！小孩子怎么能不好好上学呢！”可过了一会儿，妈妈觉得这样简单地拒绝孩子并不是办法，强迫孩子上学也不能解决问题，于是她便耐心地问，“楠楠，你为什么不愿意上学？是不是身体不舒服，还是和同学发生了矛盾？”

楠楠诚实地回答说：“没有！我就是不想上学，觉得上学没有什么意思！”

妈妈惊讶地问：“上学怎么会没有意思呢？你和妈妈说一说，为什么这么想？”

楠楠想了一会儿，对妈妈说：“我觉得老师讲课很无聊，每天就让我们练拼音、写生字，要不就是算数。”

妈妈耐心地听着楠楠的理由，然后笑着对他说：“那是因为你没有找到学习的乐趣，其实学习是非常有趣的事情。比如，学习拼音，你看看不同的字母组合在一起就可以念成不同的音，是不是非常有趣？而且你不是喜欢读童话故事吗？学会了拼音之后，你就可以自己阅读了！”

之后，在送楠楠上学的路上，妈妈还给他讲了很多小故事……

楠楠的妈妈是一个聪明的母亲，也是一个懂得教育孩子的母亲。面对楠楠的厌学情绪，她没有选择逼迫和强制的方式，而是耐心地进行劝导，询问了孩子不想上学的原因，然后再有针对性地激发孩子的学习兴趣，让孩子觉得学习是有趣、好玩的事情。如此一来，问题就轻松简单地解决了。

诚然，每个家长都关心孩子，时常为孩子不爱学习而伤脑筋。可是我们要知道，一切方法和教育都抵不过兴趣，它是孩子能够主动认真学习的关键，更是学习取得效果的前提。想要孩子爱上学习，兴趣就是最好的老师。

也就是说，父母与其强迫孩子去好好上学，不如让孩子知道学习是一件有趣好玩的事情，把学习和孩子的喜好联系在一起。比如，孩子不喜欢学数学，家长则可以运用数学游戏、智力游戏的方式来让孩子发现学习数学的乐趣。当孩子感觉“学习很好玩”的时候，那么他们主动性和积极性就不自觉地提高了。

所以，正在为孩子厌学、不爱学习而苦恼的家长们，把学习变成“好玩”的事情，让孩子对学习产生兴趣吧。这样做之后，你就会得到意想不到的结果！

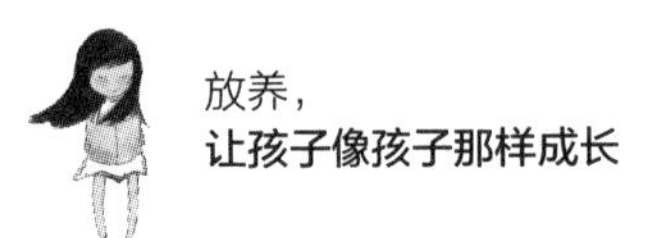

培养天才的秘密，就是让他学感兴趣的东西

有人说，天才的秘密就在于强烈的兴趣和爱好，以及由此产生的无限热情。这句话非常有道理，一个人对某件事情感兴趣，在做这件事情的时候才能充满激情，不怕辛苦，不知疲倦，从而获得巨大的成就。

爱迪生的例子就说明了一切！

爱迪生几乎每天都会泡在实验室中做他的研究和实验，一天工作的时间长达十七八个小时。就连吃饭、睡觉，他都不曾离开实验室。尽管如此，他却没有觉得辛苦，更没有感觉到厌倦枯燥。

对于他来说，这是“其乐无穷的事情”，是人生中最大的乐趣。因为他喜欢做实验，对实验研究具有浓厚的兴趣，所以他说“我一生中从未做过一天工作。”他对于实验具有强烈的兴趣，并且乐在其中，所以取得举世瞩目的成就也就不算什么稀奇的事情了。

在现实生活中，很多家长想要把孩子培养成天才，希望自己的孩子能够取得卓越的成就。而实际上，“天才”这两个字就是一个陷阱，让很多家长都陷入其中。它让很多家长过分高估了自己的孩子，也让很多家长选择了错误的教育方式。为了把孩子培养成天才，家长们想方设法地培养孩子的特长，让孩子上各种各样的培训班，并且督促着孩子努力地学习。

可这样的方法却让自己的孩子离“天才”越来越远，这是因为他们在让孩子努力的同时，完全忽视了孩子的兴趣。很多时候，家长只顾着对孩子说：“你要好好学习钢琴或绘画，长大后好成为钢琴家或画家。”而没有问孩子：“你对什么感兴趣？你是否喜欢钢琴或绘画？”

要知道，培养天才的秘密，不是让孩子努力、再努力，而是让孩子学习他感兴趣的东西。

佳乐的妈妈认为弹钢琴是一种很高雅的艺术，而且有利于孩子左右脑的开发，所以，她兴致勃勃地给孩子报了钢琴班，更令她高兴的是，老师也说佳乐挺具有音乐天赋，如果好好培养肯定能取得不错的成绩。

可上了不到一个月的课程，佳乐就说不想去学钢琴了，说自己一点都不喜欢弹琴。他真诚地说：“妈妈，我不喜欢钢琴，更喜欢下围棋，不如您让我去学围棋吧！”

听了佳乐的话，妈妈一口就回绝了，这让佳乐感到非常生气和失望。他没有想到妈妈竟然如此不讲理，结果和妈妈闹起了别扭，学琴的时候也是三心二意。爸爸知道了这件事情后，便对妈妈说：“我们还是尊重孩子的兴趣吧，如果他对钢琴没兴趣，你即使再强迫也没有用啊！”

妈妈不甘心地说：“可人家老师说他有天赋，以后肯定能有所成就啊！咱们不好好地培养，岂不是浪费了孩子的天赋？”

爸爸笑着说：“可是你想一想，他连学习的积极性和主动性都没有，怎么能取得好成绩呢！”

佳乐妈妈虽然有些不甘心，但是不得不承认爸爸的话是正确的。于是，她转变了自己的态度，开始让佳乐学习他感兴趣的围棋。开始的时候，妈妈只是抱着试一试的态度让他学习围棋，可是这一次佳乐果然表现出了不一样的态度。每次上课的时候，他都积极主动地学习，下课之后还不断地练习，一有时间就和爸爸切磋。

虽然围棋比较枯燥、耗费精神，但是佳乐每天都花费一两个小时“耗”在棋盘上，研究老师所讲的步法、布局。几个月后，他对围棋的兴趣始终未减，还越来越有激情。学习围棋一年半的时候，佳乐就达到了业余三段，还参加了很多次市里举办的比赛。八岁的时候，佳乐就又晋级业余五段，在一次省级比赛中获得了业余组的亚军。第二年他则打败了比自己大三岁的对手，获得了第一名的好成绩。

一个人在做事的时候，有没有兴趣，结果是大不相同的。兴趣就是一种无形的动力，促使我们充分地发挥自己的主观能动性。一个孩子如果能做他感兴趣的事，就算这个过程充满了辛苦、无聊、困难，他也会充满激情、心情愉快地去做；即便是遇到了再大的困难，他也不会灰心丧气，而是想尽办法去战胜它。

换句话说，兴趣就是孩子们追求成功的驱动力。想要孩子成为“天才”，家长们就让他学习他感兴趣的东西吧！

不给孩子的兴趣设限，给孩子充分的空间

很多父母让孩子学习他们感兴趣的事情，可却总想着干涉孩子，一味想要孩子按照自己的想法来做事。他们干涉孩子的兴趣，强加一些任务给孩子；或是非要孩子一天练习几个小时，结果把孩子的兴趣爱好变成了“强迫性”的学习任务。

我们就时常听到孩子们这样抱怨：

我非常喜欢舞蹈，爸爸妈妈也支持我上兴趣班，可是他们每天都要求我练习一两个小时，不完成任务都不行。这让我感到非常厌烦，现在我已经不喜欢舞蹈了。

我画画的时候，妈妈总是在一旁指指点点，一会儿说我这里画得不好，一会儿又要我修改那里的线条，实在太烦人了。

我爸爸妈妈给我报了好几个兴趣班，说是要培养我的兴趣。现在我每天不是上兴趣班，就是在去上兴趣班的路上，连休息的时间都没有了。

……

听听孩子们的抱怨，我们就知道了，虽然父母们重视孩子的兴趣爱好，但是并没有真正做到尊重孩子的兴趣。他们往往妄加干涉孩子，好像这兴趣并不是孩子自己的，而是家长的。

如果是这样的话，这又与忽视和不支持孩子的兴趣有什么区别呢？长此以往，孩子会觉得自己的兴趣变成了负担，变成了令人痛苦的事情，到那时兴趣也就不是兴趣了，还会引起孩子的逆反心理。

六岁的妞妞喜欢上了画画，每天拿着画笔在纸上涂涂画画，有时画一只在水里游泳的小鱼，有时画一座五彩的房子。在幼儿园的绘画课上，妞妞也非常认真地学习，时常拿着自己的作品给妈妈看。

每次她都兴奋地说："妈妈，你看这是我今天画的小兔子，是不是很漂亮？"

当妈妈给予她肯定的时候，妞妞就会自豪地说："当然了，李老师也时常夸奖我，说我有绘画的天赋。"

看到妞妞这么喜欢画画，作品也是充满了想象力，妈妈觉得孩子或许在绘画方面很有天赋，就给她报了美术兴趣班。平时，她也抽出时间来指点妞妞画画，看到孩子圆画得不圆，她就让孩子擦了重新画；看到孩子把太阳涂成了蓝色，她就批评孩子涂得不对，要求孩子按照实物来涂颜色。

同时，为了让妞妞提高绘画的水平，她要求孩子每周必须画一幅作品——这幅作品必须按照她的要求来画，如果不能让她满意的话就不能算完成任务。

经过一段时间的学习，妞妞的绘画水平有所提高，不再是胡乱的涂鸦，而是有模有样的作品了。妈妈却发现妞妞对画画的兴趣好像没有以前高了，上美术兴趣班的积极性也不高了。

其实原因很简单，因为妈妈给孩子的兴趣设了限制，划定了条条框框，所以才让孩子感觉自己失去了自由，感受不到画画的乐趣。要知道，孩子之所以喜欢画画，就是因为他们可以用手中的画笔画出自己想画的东西，不管这东西是不是好看，是不是像模像样，都是他们内心想法的体现。一旦父母在一旁指指点点，规定他们应该做这个不应该做那个，那么孩子就会感到不耐烦，认为这兴趣就不是自己的了。

有不少绘画大师在看到孩子们的信手涂鸦之后，都产生了挫败感。有一位著名的绘画大师曾经说：“我花费了一生的时间才学会了像孩子那样画画！孩子们怎么有如此惊人的创造力！”

所以，在对待孩子兴趣这个问题上，家长们都应该围绕一个原则来进行，那就是给孩子充分的空间，不给孩子设限。既然是孩子自己的兴趣，我们就应该让孩子充分去发挥自主性，而不是从大人的角度去指点孩子，更不能打着为孩子好的旗号去强迫孩子。

培养孩子兴趣，不如先培养其好奇心

当我们看到街边聚集着一堆人时，会很好奇这些人聚在一起在干吗，继而就会感兴趣地凑过去看一看；当我们去饭店吃饭时，会很好奇菜单上那些古怪的菜名究竟是什么菜，然后就会感兴趣地去尝一尝；当我们看到一部电影的精彩预告后，会很好奇整个电影的全部情节，然后会感兴趣地看一遍。可见，好奇心是兴趣的起源。

相对于成年人来说，孩子的好奇心更重。相信不少父母都有这样的经历，当孩子遇到一个很难且不感兴趣的问题时，如果你一步一步地引导他，并设置出一个个好奇点，孩子就会表现得很感兴趣，一点点深陷其中。等孩子自己解决问题后，他会显得非常开心、兴奋，并对这类问题充满兴趣。

好奇心可以创造兴趣，而兴趣是解决问题的动力。父母想要培养孩子对某一事物的兴趣，不如先培养其好奇心。

小可七岁了，是一个可爱漂亮的小姑娘。因为她的记忆力非常不错，妈妈抱着锻炼她的想法，为她报名参加了全国少儿组古诗大赛。当然，在报名之前征得了小可的同意，她似乎也很感兴趣。

古诗比赛很简单，就是看谁记忆的古诗词又多又准确。眼看着比赛日期越来越近，妈妈便把所有的精力都放在了小可身上，督促她背诵各种生僻的古诗词。

每一次小可背诵完成，妈妈都会真心夸奖她："小可真棒，你将曹操的《观沧海》背得又快又好。""小可好厉害，唐代诗人张若虚的《春江花月夜》你背得就跟唱歌似的。""小可，妈妈太佩服你了，李白的《梦游天姥吟留别》那么长，你居然一字不差地背出来了。"

……

以往，妈妈的这些夸奖让小可很开心。可是最近，妈妈的夸奖不仅让她不开心，而且还非常烦躁。终于，有一天背完最后一首古诗后，小可爆发了。

"妈妈，你好烦哪，我不喜欢背诗，我现在最讨厌的就是背诗了。"小可红着眼眶朝妈妈大声吼道，然后哭着跑进自己的卧室，并将门给关起来了。

妈妈被小可的举动吓到了，心里生了疑惑："小可以往对背诵古诗词很积极，今天怎么会突然说不喜欢了呢？"晚上的时候，妈妈对爸爸说了小可今天的表现。

爸爸想了一下，皱着眉头说："小可本来就对背诵古诗词没多大兴趣，而她以往愿意去背诵，一是因为你对她的鼓励和夸奖，一是她想锻炼她的记忆力。而让她一直坚持下去的前提是，她所记忆的内容是有度的。可是最近，你为了让小可参加比赛，让她背诵的古诗词又多又长，仿佛永无止境，这无疑会激起她不耐烦的情绪，继而对记忆古诗词更加不感兴趣了。"

妈妈也意识到了，最近她将小可逼得越来越紧，小可脸上的笑容似乎也一点点消失。她叹了口气，决定尊重小可的选择。她对爸爸说："既然小可不喜欢，那我明天就帮她取消比赛！"

"取消比赛倒不用。"爸爸说。

妈妈听后，好奇地问："你不是说小可对背诵古诗词不感兴趣吗？这样逼着她会不会太不好？"

"这你就不懂了，孩子对某一样事物不感兴趣，是因为缺乏好奇心。只要我们建立小可对古诗词的好奇心，那她自然就对古诗词感兴趣了。"爸爸见妈妈一脸疑惑，他笑着说："山人自有妙计，明天你就看我的表现吧！"

第二天，小可起床后，见妈妈不仅没有逼着她背诵古诗词，还给她准备了美味的早餐，心情稍微愉快了些。吃完早餐后，她看着自己喜欢的《小猪佩奇》动画片，心情更加好了。这时爸爸悄悄坐到了小可旁边，对小可说："小可，你不喜欢背诵古诗词吗？"

小可听后，点了点头。

"那你能告诉爸爸，你为什么不喜欢吗？"爸爸问。

小可想了下，噘着嘴巴不开心地说："那些古诗词特别长，我又不懂它究竟在说什么，一点也不好玩。"言外之意，小可是因为死记硬背且不理解古诗词的内涵才对古诗词不感兴趣的。

爸爸笑着耐心地说："小可，你知道吗？每一首古诗词都有一个创作背景，这些创作背景都是一个个有趣的故事，就比如你前一段时间背诵的曹植的《七步诗》。"

见小可一脸好奇地看着自己，爸爸继续说："曹植是三国时期曹操的小儿子。曹植从小就才华出众，深受父亲的疼爱。曹操去世后，他的权力被曹植的哥哥曹丕继承了。可是曹丕是一个嫉妒心非常强的人，他一边嫉妒曹植的才华，一边担心曹植会抢走自己的皇位，于是就想害死曹植。有一天，曹丕将曹植叫到跟前，他让曹植在七步之内做出一首诗，以此证明他的才华。如果曹植做不出来，曹丕就将他处死。"

"爸爸，这个曹丕也太坏了！他肯定不会得逞的，对不对？曹植一定能在七步之内做出一首诗的。"小可睁大眼睛，期待地问。

"小可说得对！曹植强忍着内心的悲伤和愤怒，果然在七步之内做出了一首诗，那首诗就是《七步诗》。"爸爸说完，摸了摸小可的脑袋。

小可听后，松了一口气，她跳下沙发，学着曹植的模样，每走一步就背一句《七步诗》，走完七步，整首诗一字不落地背诵完了。

此后，小可意识到每一首古诗词都有一个独特的创作背景，当了解那些背景，以及古诗词的大意后，她对古诗词变得越来越感兴趣，记忆起来也是事半功倍。

事例中，小可对记忆古诗词并没有很大兴趣，因为妈妈的强迫，使她对背诵古诗词越发反感。但爸爸却利用每一首古诗词的创作故事来激发小可对古诗词的好奇心，继而喜欢上古诗词。可见，只有当孩子对某一事物感兴趣时，学习起来才会轻松，倘若没有兴趣，无疑会是一种煎熬。而兴趣并不是无法创造的，只要给孩子制造一些好奇点，培养其好奇心，兴趣自然而然就能培养起来。

居里夫人说："好奇心是学者的第一美德，而好奇心又总是兴趣的导因。"当孩子面临一项不得不去学习，但又缺乏兴趣的任务时，父母完全可以利用这一任务本身的各种知识来勾起孩子的好奇心，继而引起其兴趣。这样，孩子在学习时才会感到快乐，才会主动去学习。

重拾兴趣需要一个高质量的“假想敌”

你的孩子是否每隔一段就会出现一个学习懈怠期?

你的孩子有没有对学习渐渐失去动力和热情?

你的孩子是将学习当成一项任务，还是当成一种兴趣?

如果你的孩子出现这样的情况，不妨对他用一用“鲶鱼效应”。

什么是鲶鱼效应?它是说当一条鲶鱼进入小鱼的生存环境时，它会激发出小鱼的求生能力。同理，当一个没有竞争且失去激情与动力的人突然遇到一个竞争者时，他会被激起竞争求胜心，继而重拾激情与动力。

这种方法放在孩子身上同样适用，因为孩子出现学习懈怠或失去对学习的兴趣与热情，归根结底是学习的过程中没有目标或缺乏竞争对手。倘若为孩子选择一个旗鼓相当的同学作为假想敌，作为竞争对手、追逐目标，那么毫无疑问，孩子会想方设法地超越他，而超越的前提就是勤奋与努力，就是重拾对学习的兴趣与热情。

冬冬上小学一年级了，每一次考试他都能考满分，稳居班里的第一名。可是，这样的好成绩不仅没有令妈妈自豪，反而还很不满意。这是为什么呢?

原来，在冬冬上幼儿园的时候，妈妈就教授过他一些一、二年级的知识，所以冬冬能考满分是一件理所当然的事。令妈妈不满意的是，冬冬仗着自己已经学过且都懂，就渐渐对学习失去兴趣，每天放学回家，他都会先看电视，然后再打游戏。甚至有好几次夜里，他趁着爸爸妈妈睡着后偷偷爬起来玩游戏。

妈妈发现后，就严厉地批评他："冬冬，你玩游戏玩到这么晚，第二天还有精力好好学习吗？"

冬冬却毫不在意地说："我都已经会了，不需要老师教了，而且我每次考试都会考满分。妈妈，你真是太大惊小怪了。"

几次之后，妈妈很后悔当初那么早教授冬冬一、二年级的知识，不然冬冬应该和普通孩子一样，每天放学回家写作业，预习功课。

爸爸察觉到妈妈每天都唉声叹气，就问怎么回事。妈妈将冬冬对学习懈怠的事情和爸爸说了。爸爸听后，笑着说："这很简单，你看我晚上怎么治一治这小子。"妈妈很怀疑爸爸说话的真实性，要知道她可是好说歹说了一大通，冬冬都没有听进去。

晚上，一家三口吃过晚饭，冬冬照旧坐在客厅的沙发上看电视，爸爸坐过去装作不经意地说："冬冬，你还记得前些天来我们家做客的李叔叔吗？"

"当然记得，李叔叔是你同事，他的女儿李静还是我们隔壁班的同学。"冬冬回答的时候眼睛依旧看着电视。

"是的。今天你叔叔和我炫耀，说他女儿李静的成绩特别好。"爸爸循序渐进地说。

"她考满分，我也考满分，你也可以跟他炫耀，说我的成绩也特别好。"冬冬自信地说。

"冬冬，我可不好意思对你李叔叔那么说。你知道吗？李静不仅平时成绩考满分，前一段时间，她还被选中参加市里的数学竞赛，并且得了一等奖。据说，竞赛的题目都特别难。"爸爸说。

"竞赛？我怎么没有听说过？"冬冬的注意力终于被爸爸的话吸引了。

"应该是你平时表现不出色，且你们学校的竞赛名额只有一个，所以老师没有选你吧！不过，爸爸这儿有一份李静竞赛时做的试卷，你做做看，看是不是比李静更好。”爸爸从公文包内拿出预先打印好的数学竞赛试卷。

冬冬一听，赶紧连电视都不看了，趴在桌子上做起了数学试卷。

这张卷子的题目不多，但每一道都很有诱导性，并且越到后面越难。直到过了两个小时，冬冬还有题目没做出来。

最后，爸爸替冬冬判了一下试卷，冬冬考了80分。爸爸说：“这张卷子，李静考了90分，你比她差十分，也很不错。不过，这也说明老师的眼光很准，知道你考不过李静，所以才没有选你去参加竞赛。”

爸爸的话让冬冬很生气，他才不想被李静压下去，他只是没有好好学。所以，自那以后，冬冬一改之前的学习态度，他不仅每天认真听课了，而且回家也积极学习，重拾了对学习的兴趣与动力。

事例中的爸爸并没有训斥冬冬，而是说了同事家孩子的成绩与表现，目的就是给孩子塑造一个成绩旗鼓相当的假想敌，让冬冬知道他是因为学习不积极才落人一截的，继而激起争强好胜的心。而冬冬想要赶上竞争对手，只有努力学习，重拾对学习的兴趣。

每一个孩子都需要一个假想敌，因为假想敌是孩子学习、做事的动力。然而，父母不能随意为孩子塑造一个假想敌，它是有一定标准的。

首先，假想敌是真实存在于孩子身边的。相信很多父母会指着电视剧里某个演出来的小天才，然后对自己孩子说：“你瞧，这个小天才真厉害，这么小就被国外某个著名大学录取了，你要以他为目标。”孩子虽然年纪尚小，但时代的快速进步早就让他们明白电视剧中的小天才、成绩优异的孩子都是虚构出来的，孩子不会将父母的话听进心里，也不会将虚拟的人物当作自己的竞争目标。所以，父母要为孩子挑选一个真实存在的假想敌，且这个假想敌就在孩子身边。只有孩子能切身感受、看见假想敌的强劲之处，孩子才会对学习更加有动力，更加有兴趣。

其次，假想敌的实力与孩子旗鼓相当，或是高出一小截。举一个最简单的例子，如果你是一位普普通通的白领，你会将亚洲首富作为竞争对手吗？显然，这是很不符合实际的。所以，选择假想敌要选择一个处在相同环境中的人物，而白领的假想敌应该是一位与他实力相当，或实力高出一小截的人。

父母为孩子选择假想敌时，也应该遵从这样的标准，让孩子有种“这个竞争对手只要我努力努力，就一定可以超越他”的感觉，这样孩子才会有学习的动力。

孩子对学习的兴趣并不是一成不变的，它就像心情一样反复多变。父母要观察孩子的一举一动，为孩子选择一个高质量的假想敌，这样孩子才能重拾对学习的兴趣。

孩子的兴趣爱好，父母别强加干涉

“孩子，你没有画画天赋，即使再感兴趣，也不会有多大的作为。”

“宝贝，你的四肢不够协调，就算继续跳舞，以后也成不了舞蹈家。”

“你的嗓音不够优美，练习再多，也无法弥补嗓音上的劣势。”

……

相信很多孩子都在父母面前表现过对某一样事物很感兴趣的举动。然而，绝大多数父母并不会轻易表态，而是会分析孩子的自身条件、实际情况，再选择是否要支持孩子的这一兴趣。甚至，很多父母会仗着自己的人生阅历和经验，以“爱”的名义为孩子规划好未来的道路，替孩子选择适合他们学习的兴趣爱好。

从表面上看，父母这样做是帮助孩子少走弯路，但事实上，这样的行为并不是爱，并且极有可能伤害孩子幼小的心灵。孩子虽然年纪尚小，但却有自己的思想，有自己的喜好，父母的强加干涉和强制要求，只会令孩子感受到失望与对他的不尊重。

阿姆斯特朗是登月第一人。他从小就对浩瀚无垠的宇宙感兴趣，并总爱对他的小伙伴们说些他对宇宙的想法，他那不切实际、天马行空的想法让他的小伙伴们给他起了一个外号“小疯子”，就连一些大人在听到他离谱的想法时，都会忍不住劝他的母亲管一管他。

然而，阿姆斯特朗的妈妈并不在意，反而会自豪地说：“这是我孩子的兴趣爱好，我为什么要扼杀他的兴趣爱好呢？”她不仅不制止阿姆斯特朗对宇宙的兴趣，反而会买许多有关宇宙的书籍让阿姆斯特朗看，加深他对宇宙和太空的兴趣。

有一天，妈妈正在做午餐，她突然听到阿姆斯特朗大叫一声，随后又是一阵巨响。妈妈有些担心，就大声问：“孩子，发生什么了吗？”

阿姆斯特朗并没有回应。

这让妈妈不禁担忧起来，她放下手中做了一半的午餐，快速走进阿姆斯特朗的房间，看见阿姆斯特朗戴着头盔，穿着鞋子在床上来回漫步。妈妈并没有责怪阿姆斯特朗将床单踩得脏兮兮的，她只是不解地问：“你在干什么？”

阿姆斯特朗并没有看妈妈，而是自顾自地说：“我刚刚乘坐一架宇宙飞船前往月球，飞船降落月球后，我登上了月球，现在正在月球上行走。”

妈妈听后恍然大悟，她笑着说：“那好吧，你可以继续在月球上探索，不过探索完了记得要返回地球吃美味的午餐。”

阿姆斯特朗一脸苦恼地说：“妈妈，我现在在遥远的月球，根本听不见在地球上的你说什么。”

妈妈不仅没有恼怒，反而“噗嗤”笑出声，然后做出一系列驾驶宇宙飞船登上月球的假动作。她将刚刚叮嘱阿姆斯特朗的话又重复一遍，得到阿姆斯特朗的回应后，又驾驶“宇宙飞船”飞回“地球”继续做午餐了。

因为妈妈的宽容与理解，让阿姆斯特朗对太空的兴趣一直持续到长大，并将登月定为了自己的梦想。后来，在妈妈的鼓励与支持下，他努力学习，成为第一批被国家招收的太空人。后来，阿姆斯特朗真的成为一名宇航员，并实现了自己的登月梦，成为全地球人的英雄。

阿姆斯特朗之所以会成功，是因为他的妈妈无条件地支持他的兴趣，并鼓励他发展自己的兴趣爱好。在这个世界上，相信与阿姆斯特朗有相同兴趣爱好的孩子不在少数，他们或许也会戴着头盔，脚上穿着脏兮兮的鞋子在床上表演太空漫步。绝大多数父母看到被踩脏的床单时，第一反应是让孩子立即下床，并指责孩子为什么要穿着鞋子在床上乱踩，最后还会告诫孩子不要再穿着鞋子在床上玩耍。可是，在孩子们眼中，没有太空装备还怎么在太空中漫步呢？甚至，当孩子表现出对太空、对宇宙感兴趣时，会有父母觉得不可思议，然后勒令孩子现实一点。父母的强制干涉不仅扼杀了孩子的兴趣爱好，更扼杀了孩子的一个梦想。

父母在干涉孩子的兴趣爱好时，有没有考虑过孩子心里的感受与想法？孩子会认为，爸爸妈妈是独裁者。久而久之，孩子会生出逆反心理，不仅会反感父母的管制，而且还会和父母对着干。

父母需要明白，孩子对什么感兴趣是他个人的权利，因为他们是有独立人格的。父母应该尊重孩子的选择，支持孩子发展自己喜欢的兴趣爱好。要知道，当孩子沉迷于自己感兴趣的事情时，他往往会拼尽全力、全力以赴，哪怕最后不会取得多大的成就，他们也会满足。相反，倘若父母强制干涉或要求孩子放弃他的兴趣爱好，改学其他不喜欢的项目，那么孩子一定会消极对待。

所以，当孩子告诉父母喜欢什么，对什么感兴趣时，不要急着为孩子分析这项兴趣爱好的功用，应该告诫孩子这是他自己选择的兴趣爱好，即使身为父母也没有权利干涉。此外，父母也要鼓励孩子坚持自己的兴趣与爱好，做到持之以恒。

如果孩子有兴趣，当然可以尝试一下

每个人都有这样一种体会，当做一件感兴趣的事情时，会觉得永远不会累，仿佛有使不完的劲，结果也是事半功倍；反之，当做一件不感兴趣的事情时，会觉得疲惫不堪，仿佛每时每刻都在煎熬，结果也是事倍功半。可见，兴趣对一个人来说十分重要，而对向来缺乏自制力和耐心的孩子更加重要。

兴趣是最好的老师，只有当孩子学习感兴趣的事，才会不用父母提醒就会主动的全力以赴、尽善尽美地去完成。然而，孩子天生好奇心重，对很多事情都感兴趣，但真正让他们喜爱并能坚持到最后的事却很少。怎样才能确定孩子是不是真感兴趣？只有让孩子一一尝试才知道。

沐沐是一名小男孩，今年上小学三年级。别看沐沐瘦瘦弱弱，个头也不高，可实际上他是一名跆拳道高手，曾多次参加市里和省里举办的少儿跆拳道比赛，并取得了不错的成绩。就连他的跆拳道老师都夸奖沐沐在跆拳道方面很有天赋，是难得一见的好苗子。然而，这根跆拳道好苗子其实走了很多的弯路。

那一年，沐沐上小学一年级。快放暑假的时候，老师建议同学们可以参加一个自己感兴趣的特长班。沐沐那时很喜欢看动画片，也曾看过漫画家三两笔就画出了一个动漫人物。他觉得这个技能超级酷，就对妈妈说：“妈妈，我想去学画画，可以吗？”

“当然可以啊！”沐沐的妈妈很开明，她非常支持沐沐自己的选择。

第二天，妈妈就帮沐沐找到了一个不错的兴趣班。然而，刚上一天，沐沐就不想去了。于是，妈妈就问沐沐为什么不想去。

沐沐说：“老师教了我们很多颜色，可是一些相近的颜色我总是弄混淆。后来，老师教我们画动漫人物，别的小朋友画得都很好，就我画得最差。我看，我是没有画画天赋了。”说完，他还叹了一口气。

妈妈被沐沐一本正经的说辞逗笑了，她并没有责怪沐沐半途而废，而是严肃地说：“其实是你觉得画画很无聊，对不对？”

沐沐不好意思地摸了摸脑袋，点头承认了。接下来几天，沐沐绞尽脑汁地思考自己究竟要上什么特长班。有一天晚上，他看到一个歌唱节目，一个与他年纪相仿的小男孩抱着吉他又唱又跳，那种爆发力、感染力立马俘获了沐沐的心。

“妈妈，我知道我要学什么了，我想去学吉他。”沐沐大声告诉妈妈。

“可以呀，明天我就帮你联系。”妈妈说。

第二天，妈妈将沐沐送去了联系好的吉他特长班。这一次，沐沐依然不感兴趣，他根本就记不住谱子，手指落在弦上就跟僵住了似的。他低着头对妈妈说：“妈妈，我不想学吉他了，我觉得学吉他和画画一样无聊。”

“没关系，妈妈相信沐沐一定会找到自己喜欢的兴趣爱好的。”妈妈摸了摸沐沐的脑袋，笑着说。

后来，沐沐打电话给他的同学，同学们向他推荐了小主持人班、写作班、奥数班，沐沐听同学们说得有声有色，也觉得非常有趣，于是一一向妈妈说了。每一次，沐沐上完一节课就不想再去了。

每一次沐沐对妈妈说不想再上时，他的心里都很忐忑，他怕妈妈训斥他三心二意，没有一颗持之以恒的心。可令他吃惊的是，妈妈每一次都没有责怪他，并鼓励他继续寻找自己喜欢的兴趣爱好。沐沐下定决心，下一次他一定要好好斟酌再跟妈妈说了。

这一天，沐沐在看体育频道，里面恰好播放一场少儿跆拳道比赛，选手凌厉强劲的攻击、灵巧迅速的躲闪姿势一下吸引住了沐沐。沐沐看得激动不已，他好想去学跆拳道，但又怕真正学了觉得没有意思，他不禁叹了口气，打算再想一想该学什么。

妈妈听到了沐沐的叹气声，就说："沐沐，你是不是对跆拳道有点兴趣？"

"是的，妈妈。"沐沐回答。

"如果你感兴趣的话，可以去尝试一下。"妈妈笑着温柔地鼓励他。

"妈妈，你不觉得我在选兴趣爱好时总是摇摆不定、三心二意吗？"沐沐好奇地问。

"当然不会。沐沐，什么是兴趣爱好？当然是自己感兴趣和爱好的，既然你不喜欢，那还算什么兴趣爱好呢？而且，那些兴趣爱好五花八门，你只有尝试过，才知道自己究竟喜不喜欢，适合不适合。"妈妈认真地说。

第二天，妈妈帮沐沐仔细甄选少儿跆拳道馆，沐沐仅仅上了一节课就喜欢上跆拳道了。正是因为对跆拳道发自内心的喜欢，沐沐才会在跆拳道上下功夫，并取得了不错的成绩。

许多父母为了不让孩子输在起跑线上，都会为孩子选择各种各样的兴趣班。孩子在没有体验某一兴趣爱好前，都会感兴趣，就像故事中的沐沐一样。可事实是，当孩子体验过那些兴趣爱好后，不仅不感兴趣，而且还会觉得无聊。所以，父母必须注意，这时候孩子表现出的"感兴趣"其实是好奇心在作怪，只有像沐沐妈妈一一让孩子尝试，才能找到孩子真正感兴趣的爱好。

歌德曾经说过："哪里没有兴趣，哪里就没有记忆。"一个孩子对某样好奇的东西产生兴趣，那是再自然不过的事情。只有让孩子尝试一下，才能辨别出究竟是不是自己感兴趣的。父母具体该怎么协助孩子找到真正的兴趣爱好呢？

父母要善于发现孩子的兴趣。很多时候，孩子因为年龄尚小，并不能清晰地把握自己的兴趣爱好，但是他们往往会不自觉地对某一事物表现得很感兴趣，这

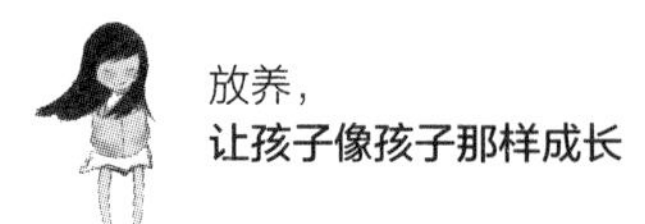

里的表现有：当看到某一事物时孩子会眼睛发亮；会专心致志地去聆听；会表露出“我也想去试一试”的渴望；会不经意地在父母面前提起这一事物，等等。这时候，父母不需要多考虑孩子表现出来的感兴趣是不是好奇居多，而是要鼓励孩子尝试一下。尝试后的结果无非有两个：喜欢和不喜欢。不管结果如何，父母都应该尊重孩子内心最真实的感受和选择。

父母要用欣赏的眼光去看待孩子的兴趣爱好。对孩子来说，兴趣是孩子愿意去尝试的基础，但有时候孩子会因为缺乏勇气而很难跨出第一步。这时候，父母就要用欣赏的眼光去看待孩子，寻找孩子身上的闪光点，然后给予孩子勇气，并鼓励孩子踏出第一步。比如，当孩子表现出对画画感兴趣时，父母可以说一些“你平常画的画很不错”“你很有画画天赋”“我们家要诞生一个小画家了”等一些给予孩子勇气和鼓励的话。当孩子听到这些话后，才会勇敢地去尝试。

世界上每一个孩子都是与众不同的，他们的兴趣也不尽相同。作为父母千万不要跟风，要帮助孩子勇敢去尝试，让孩子明白这究竟是不是自己的兴趣爱好。父母无条件地支持才是孩子寻找自己兴趣爱好的路途上最需要的东西。

Chapter 6
授孩子知识，不如授他学习知识的能力

知识如同珍贵的宝藏，作为父母，我们自然希望孩子可以在知识世界里驻足聆听，但“授人以鱼，不如授人以渔”，最自然的养育不是向孩子灌输知识，而是发展孩子的逻辑思维能力和独立获取知识、运用知识的能力等，这就如同给了孩子一把开启知识大门的“钥匙”，未来之路便可畅行无阻。

爱学习，从阅读开始

“《望庐山瀑布》是唐玄宗开元十三年前后，李白出游金陵途中初游庐山时所作。”

“竹子的中间之所以是空心的，是因为竹子的生长速度过快，中间部分赶不上外层的生长速度。”

“地球是太阳系八大行星之一，距离太阳第三近，也是太阳系中直径、密度、质量最大的类地行星，地球还有一颗名叫月球的天然卫星。”

……

庄庄是一名六岁的小男生，尽管还没有读一年级，但他已经知道很多知识了。不管大家问什么问题，他仿佛都知道。朋友们就很好奇：庄庄的父母怎么将孩子培养成一个小百科全书的？

庄庄爸爸说：“庄庄很小的时候，我就开始注意培养他的阅读习惯。在他没有识字前，我会在家里的墙上挂好多识字图画，也会将相应的汉字放置在对应的物体旁边。比如，闹钟，我会在闹钟的旁边放上‘闹’与‘钟’两个字，以这样的方式教导他识字。等他认识了很多字后，我又给他买了很多书，有寓言故事书、绘本、音乐图书等。每天晚上，我与孩子妈妈都会抽出一定的时间陪着孩子一起阅读。各种各样的书籍带给庄庄无限的快乐，在阅读过程中，他学习积极性

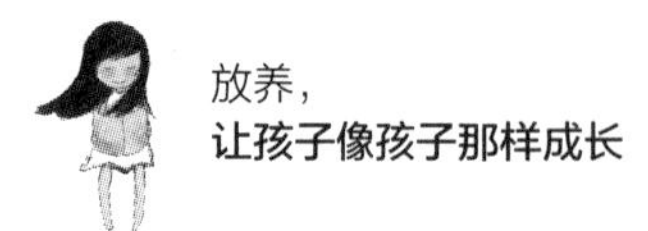

也越来越强。现在，即使我们不陪伴他一起阅读，他也能独自沉浸在书本的海洋里，汲取无尽的知识。”

书是人类最好的朋友，阅读时会带给孩子很多益处。比如，阅读可以让孩子的眼、耳、口、手、脑并用，可以有效地提高孩子听、说、读、写等方面的能力；阅读可以丰富孩子的知识，即使不出门也能增广见闻，这对孩子以后的学习非常有益；阅读还可以丰富孩子的内心世界，使孩子的身心健康成长；阅读亦能丰富孩子的想象力和思考力，并能满足孩子的好奇心，激发起探知欲……

让孩子爱上阅读是激发孩子学习兴趣的有效途径。父母想让孩子爱上学习，不如培养孩子的阅读兴趣。

父母可以多带孩子去图书馆。因为网络的崛起，网上购书已经成为绝大多数父母为孩子买书的渠道，而去图书馆看书这项活动已经渐渐消失了。殊不知，去图书馆看书比网上购书回来看，更能激发孩子的阅读兴趣。因为图书馆内阅读氛围浓厚，当孩子看到所有人都在安静阅读时，他们也会收敛躁动的心，然后投身于书本的海洋中，渐渐地会感受到书本的魅力，爱上阅读。

需要注意的是，父母不要以为仅仅带孩子进图书馆就行了，还应该给予孩子引导。比如，孩子选择要阅读的图书时，父母要参考孩子的性格、年龄、需求等多方面因素，找出适合孩子读、对孩子有益的图书，并帮助他们去列一份书单。

父母为孩子选好书后，还要协助孩子进入书本的世界。相信，许多孩子都存在着自制力差、主动性不强等缺点，这就意味着孩子不可能主动去阅读，或是耐下心来阅读。因此，父母要陪伴孩子一起去阅读，帮助孩子进入书本。有一点需要注意，父母与孩子一起阅读时，决不能照本宣科，要为孩子建立起一个感情充沛、多姿多彩的阅读世界，这样孩子才会爱上阅读，并会主动去阅读。

为了帮助孩子加深阅读印象，父母可以在孩子每次阅读后，召开一个阅读会议。召开这场会议的目的，就是和孩子讨论讨论书中的内容，引导孩子回顾书中的故事，并引发自己的思考。比如孩子阅读完《老虎拔牙》的故事，父母可以问一问：老虎爱吃糖怎样才能不蛀牙？以此启迪孩子的智慧，加深其对阅读的理解。不管孩子回答得对不对，父母都要耐心、认真地聆听。如果孩子说得对，父母就要给予一些奖励，说得不对，则要与孩子一起探讨。

俗话说，授人以鱼，不如授人以渔。父母与其花大把时间教授孩子各种各样的知识，不如教授孩子自己学习知识的本领，而这个本领就是阅读。培养好了阅读习惯，孩子自然而然会爱上学习。

好文章离不开阅读与观察

一本精彩绝伦的书，有一个精致好看的封面才会引人注意；一个品质优良的产品，有一个精美的包装才能令顾客有购买的欲望。人靠衣装，佛靠金装，这是一个注重包装的时代，所以写作也要文采装。一篇优秀的作文，它必然有优美生动的辞藻，而这些辞藻运用得好，往往能引人入胜，扣人心弦。

豆豆上小学二年级了，在写作方面，老师会让他们写一写长句子，只有在周末的时候会给他们布置一篇作文或写一篇短日记。豆豆的词汇量不少，也很丰富，但让人头疼的是，他不会用，以至于写作能力很差。每一次老师布置的写作，他都写成了流水账，枯燥无味，使人没有兴趣阅读。

又是一个周末，老师再次给孩子们布置了一篇作文。星期六早上，豆豆早早就起床了，他拿出笔和日记本，坐在餐桌旁，苦思冥想该怎么写。直到妈妈喊吃中午饭了，他都没有下笔。

“豆豆，你想好作文要写什么了吗？”妈妈拍拍豆豆的脑袋问。

“想好了，我准备写《我的妈妈》。”豆豆一本正经地说。

“加油，妈妈相信你能写好。不过，只有吃完饭才能有精力想，有力气写。”豆豆妈妈鼓励说，她十分期待孩子笔下的她是什么样的。

直到太阳下山，豆豆才磨磨蹭蹭地完成了他的“大作”。

妈妈好不容易等到豆豆写完，当然要读一读豆豆写的这篇关于她的作文。她不禁念了起来：“我有一个好妈妈，她有一头长头发，两条眉毛下有一双大眼睛，鼻子下面有一张嘴。每当妈妈笑的时候，都会露出两排牙齿……”

豆豆认真地看着妈妈，等待妈妈的点评，他觉得自己都是实话实说，应该没什么问题。

妈妈看完后，不禁皱起眉头。她以为孩子会将她写成小仙女，再不济女超人也行啊，哪想到居然写得这么寡淡无味，没有一点特色可言。她觉得，豆豆作文里的妈妈全国所有长头发的妈妈都能对得上号。

妈妈意识到，她似乎要在孩子的写作上下点功夫了。她干脆坐在桌子旁，对豆豆说：“豆豆，妈妈在你心里是一个什么样的妈妈？”

豆豆想了一下，说：“妈妈是一个美丽的、勤劳的、温柔的、体贴的妈妈。”

“那你仔细观察观察，妈妈的头发、眉毛、眼睛……都有什么特点呢？”

“特点？”豆豆皱着眉头观察了一下，然后说，“妈妈的长头发又黑又亮，发尾还特别卷。”

“卷起来的发尾像什么？”

“像海里的波浪。”

“合在一起就是，妈妈有一头又黑又亮的长发，卷起来的发尾像极了海里的波浪。你照这个再说说其他的。”妈妈耐心引导。

“妈妈的眉毛弯弯的，像两个小月牙挂在脸上……”豆豆仿佛开启了写作的新模式，他按照妈妈的方法，为自己那篇枯燥无味的作文润色，重新写了一篇作文。

毫无疑问，这一次的作文，豆豆得了最高分，而且还受到了老师的表扬。此后，他都按照妈妈教他的方法写作文。

一位著名的作家曾经说：“一篇作文，如果能出现‘月亮’，那最好不过。

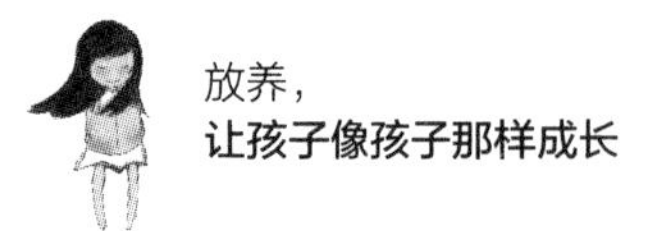

如果没有‘月亮’，‘群星璀璨’也很好。没有‘群星璀璨’，有‘几颗星星’也是不错的。千万不能让人看到的是‘漆黑一片’‘茫茫黑夜’。”

这位作家所说的“月亮”“群星璀璨”“星星”等，就是作文的亮点，而这些亮点可以是增添气势的排比句，可以是彰显底蕴的古诗名句，亦可以是生动形象的比喻拟人修辞等。那么，父母该如何帮助孩子掌握这些写作的技巧呢？首先要引导孩子学会阅读，然后再学会观察。

想要孩子写出一篇好作文，前提是孩子肚子里有词汇量，而阅读是孩子获得词汇的渠道之一。俗话说，阅读是写作的起步。阅读时，孩子可以积累好词好句，可以积累精彩片段，还能掌握一些独特的写作技巧。父母要引导孩子掌握阅读方法，帮助孩子挑出一些辞藻优美的好书籍、好文章，以此提高孩子的阅读质量。当然，仅仅让孩子独自阅读是远远不够的，父母要引导孩子挑出书籍或文章内的好词好句，分析一下这词句有何优美之处，帮助孩子加深印象。

学会观察也是孩子能写好作文的重中之重。观察不仅可以帮助孩子获得好的写作材料，还可以根据观察得到的特点插入各种修辞手法，就像豆豆妈教豆豆写作一样。所以，父母要抽出一些时间指导孩子观察生活、观察自然，让孩子能全面地把握观察对象的特征和事件的全过程。对此，父母可以有意识地带着孩子进行一些户外活动，例如在外游玩时，父母可以引导孩子观察天上千奇百怪的白云，让孩子经过观察，说出这些白云像什么。总之，孩子观察得越仔细，写作时能用的材料才会越多。

写作并不是一件难事，关键在于孩子能掌握方法与技巧，而阅读与观察是孩子写好一篇作文的捷径之一。

要想学习成绩好，发散性思维很重要

高斯是一位享誉世界的数学家。在他上小学一年级时，他的老师曾在黑板上写下一道题目：1+2+3+……+100=?

在别的同学还在埋头苦算，抱怨题目好难、计算量好大时，高斯迅速地站了起来。

老师皱着眉头问："高斯，你怎么站起来了？是算出答案了吗？"

高斯自信地回答："5050。"

老师惊讶于高斯的计算速度，就问他："你为什么会计算得那么快呢？你用了什么方法？"

高斯回答说："我将这道题目的首尾数字1与100相加，得到的和乘以100，最后再除以2，答案就是5050。"

高斯的答案正不正确？

直到数分钟后，有同学计算出结果，才知道高斯的答案是正确的。

高斯为什么会想到这么快的解题方法？其实，这归功于他的发散性思维，而这也是发散性思维的魅力所在。

什么是发散性思维？它也称辐射思维、扩散思维，是指大脑在思维时会呈现出一种扩散状态的思维方式，表现为思维视线广阔，思维呈多维发散状。而发散性思维强的孩子，其大脑异常活跃，想问题、处理问题往往要比别的孩子快很多，在学习上也是小天才般的存在。

说到这儿，相信许多父母都非常好奇自己孩子的发散性思维能力如何，想要知道结果，不如让孩子做一做下面这道测试题：

从前，有一个小山村，村边有一棵大树，树下有一头牛。牛的主人将两米长的绳子拴在了牛的鼻子上。没过一会儿，牛主人拿来了一堆青草，他把青草放在距离大树三米远的地方，然后就回去休息了。等他再次回来时，发现牛居然把青草吃光了。

牛鼻子上的绳子没有断，也没有被解开，那么牛是怎么吃到并吃光青草的呢？

这是一道典型的考验发散性思维的题目，从不同的角度去思考，就会得到不同的答案。比如：如果以为牛是被系在树上的，其身子的长度加上绳子的长度，就远远不止三米，牛可以用腿将草勾到身边，这样就能吃到草了；题目中并没有认定牛是被系在树上的，很有可能牛是被固定在主人丢放青草的旁边，所以吃起草来轻而易举；也有可能，主人在离开的时候，有人见牛被拴在树上，便好心地将青草拿到了牛的身边。

如果你的孩子的答案五花八门，不要认为孩子是在投机取巧，因为这正是孩子应用发散性思维得到的答案。对孩子来说，发散性思维的最明显的表现就是“一题多解”“一事多写”“一物多用”等，所以孩子的答案越多，其发散性思维能力就越强，而答案越少或想不出答案，那么锻炼其发散性思维迫在眉睫。

曾经有一位著名心理学家做过这样一个实验：用粉笔在黑板上画一个圆圈，让各个年龄段的孩子表达对这个圆圈的看法。大学生觉得很简单、很幼稚，不想回答；高中生认为是零；初中生认为是英文字母“O”；唯有小学生和年纪更小的孩子回答得最有趣，他们回答是太阳、是月亮、是皮球、是烧饼、是老师发脾气时的眼睛……这个实验的结果告诉人们，年纪越小的孩子，思维越活跃，发散性思维就越强。因此，父母要趁着孩子年龄尚小之际，加以锻炼孩子的发散性思

维。如何锻炼孩子的发散性思维能力呢?

首先，引导孩子学会用不同的方法去解决问题。父母要明白，发散性思维的重要特征就是不求唯一的答案。所以，当孩子遇到一个困难或一个难题时，要鼓励孩子不要只用一种方式解决问题，让孩子再思考思考，看看还有哪种解决方法。当孩子在尝试思考其他方法时，既能摆脱惯有的思维模式，又能发散出新的思维。

其次，与孩子共同讨论问题。当孩子与父母一同讨论问题时，会让孩子理解父母的思维方式，也能让父母知道孩子的思维方式。通过共同讨论，不仅能帮助孩子打破自己原有的思维局限，还能开拓孩子的思维广度。同时，孩子与父母讨论的过程中，能帮助其完善思路。

最后，鼓励孩子多质疑，多问为什么。孩子的求知欲和好奇心向来很强，他们对各种事物存在着疑问，而这些疑问恰好是激发孩子发散性思维的催化剂。所以，当孩子向父母提问为什么时，父母不能拒绝回答，或是回答不知道，应该耐心地告诉孩子，或是与孩子一同去寻找答案。

有位名人说过，每一个能从多角度看待并解决问题的高手必定是发散性思维的高手。而发散性思维能力较强的人，其所展现的创新思维也是超强的。所以，父母在培养孩子的发散性思维时，一定要多花心思，多费时间，要知道，锻炼孩子的发散性思维比教授孩子知识更重要。

讲讲小故事，成语就该这样学

“妈妈，昨天我和小欣吵架了，但今天我们又破镜重圆了！”

“这一次迪斯尼之旅的体验太棒了，简直就是南柯一梦。”

“明明是弟弟将这个玻璃杯摔碎的，可是他却指鹿为马，硬说是我干的。”

……

七岁的妞妞刚上小学一年级，她对中国的成语文化很感兴趣，所以硬是让妈妈教了她很多成语，而她不仅用心去记，也常常将这些成语运用到日常生活中。如果妞妞将这些成语用对，那么妞妞妈肯定会很高兴、很欣慰，可事实上是，妞妞常将这些成语用错，不是张冠李戴，就是词不达意，有时还将成语记错。为此，妞妞妈急坏了，尽管她每次都会纠正妞妞对成语的乱用、错用，但妞妞还是会用错。

这一天晚上，妞妞妈向妞妞爸反映了这个问题。

妞妞爸因为长期在外工作，和妞妞相处的时间并不长，听完妞妞妈的反映后，他就问：“你平时是怎么教妞妞成语的呢？”

“我就是按照成语大全中每一个成语的释义读给她听。”妞妞妈说完，立马演示起她教妞妞学习成语的方法，她一本正经地念道：“破镜重圆是比喻夫妻失散或离婚后的重新团聚；南柯一梦是比喻一场大梦，或比喻一场空欢喜；指鹿为马是比喻故意颠倒黑白，混淆是非。这三个成语是妞妞常用错的成语，我都不记得纠正多少遍了，但她还是用错。”说完，妞妞妈叹了一口气。

妞妞爸听后，不禁笑着说：“你这样的教学方法只适合于高年级的孩子，对于妞妞这个年纪，甚至是比妞妞年纪还小的孩子而言，他们得使用讲故事的方法来学习成语，记忆成语。这样好了，我明天就用我的方法来教妞妞，至于效果如何，我们拭目以待。”

第二天正好是休息日，妞妞爸将妞妞带进小书房，他温和地说：“妞妞，爸爸听说你最近在很用心地学习成语，爸爸也教你几个成语好不好？”

妞妞高兴地答应了。

妞妞爸说：“爸爸先教你指鹿为马这个成语。这个成语，妈妈已经教过你了，但爸爸还有要补充的地方，我就来说一说有关这个成语的小故事。话说，在秦朝时期，秦始皇死后，宦官赵高用计将二皇子胡亥扶上了皇位……”

妞妞爸说得很认真，妞妞听得投入极了，直到爸爸说完了，她还意犹未尽。

“爸爸，这个故事可真有趣，每一个成语都有这样的故事吗？”妞妞好奇地问。见爸爸点头后，她兴奋地说，“太棒了，以后学习成语时，我都要听一听有关这个成语的小故事。”

从那以后，每当妞妞学习一个成语，妈妈都会将有关这个成语的小故事读给妞妞听。令妞妞妈吃惊的是，从那以后，妞妞再也没有将成语用错了。

中国是一个有着五千多年文字记载的国家，而成语就是五千年文明发展的智慧结晶之一，是中国特色的传统文化。成语是对我国历史文明发展进程中的各类故事的总结，它可能蕴含了一段历史渊源，也可能是一个有意义的民间故事的缩影，但都具有深刻的思想内涵。此外，在结构上，它短小精悍，易记易用，深受人们喜爱。

对孩子来说，不论是在学习中还是在生活中，成语都是很重要、很醒目的存在。在生活中，如果孩子说话时能将各种成语脱口而出，一来可以提升孩子的自

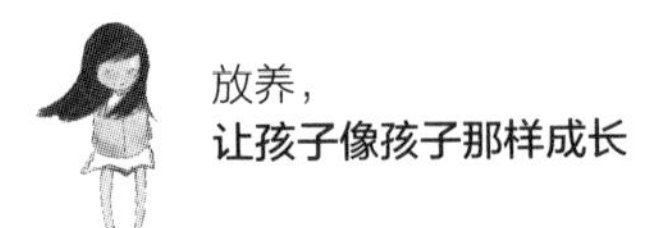

我气质，二来可以给他人一种舒适、见识广泛之感；在学习中，成语作为中华词库中的精髓，会常常出现在语文试卷中。此外，孩子如果能在写作文时添加一些成语，那么无疑会取得更高的分数。可见，学习成语对孩子来说非常重要。那么，父母该如何教导孩子学习成语呢?

事例中的妞妞妈教孩子学习成语的方法，只会令孩子机械地去记忆，对成语缺乏更深层次的了解。而且，这种学习方法的记忆很短暂，时间一久，孩子很快就会忘记，最终会将学到手的成语再次还给父母。对年龄尚小的孩子来说，最适合的还是妞妞爸的教学方法，根据成语典故来教孩子。

绝大多数的成语都有故事或典故，比如常见的“画龙点睛”“精卫填海”“揠苗助长”等。一旦孩子对这些典故熟悉了，那么自然而然能将成语记入脑海。此外，这种学习成语的方法有趣不枯燥，孩子不会出现厌学的情绪。

当孩子学会一个成语时，不要让孩子将其丢在一旁，要鼓励孩子灵活地运用到日常表达中。只有用得多，孩子才会将这个成语越记越牢固。需要注意的是，当孩子将成语用错时，父母要及时地、有耐心地去纠正。此外，父母可以选取一些含有成语的文章给孩子阅读，根据上下文的意思，孩子会加深对成语的理解。

成语是当之无愧的汉语言文化瑰宝，也是我国文化凝结而成的璀璨明珠。中华词库中，成语多如牛毛，父母想让孩子快速地全部掌握，无疑是不切实际的想法，但父母可以不断地帮助孩子去积累、去记忆。

选对方法，计算也能很简单

不论是什么国籍，不论多大年纪，每个人都要掌握一种技能——计算。因为生活中，每一天都少不了计算。计算会出现在工作、生活、娱乐中，计算能力强的人，各方面都会占据优势，而计算能力弱的人，往往会很吃亏。而对孩子而言，计算就更为重要了，因为计算不仅出现在他们的生活中，还会出现在学习中。

嘟嘟是一名小学三年级学生。这一天，她手里拿着考了65分的数学试卷垂头丧气地回到了家。一打开家门，就听到爸爸正在考七岁的弟弟数学计算能力。

“回答正确，浩浩真棒！”爸爸笑着夸奖弟弟。

弟弟浩浩一脸得意地说：“只要是100以内的加减乘除，我都能用心算算出来。”

后来，爸爸又出了好几个题目，浩浩都快速地答了出来。

嘟嘟低头看了一眼自己的数学试卷，上面有很多计算题，可是十道有五道被她做错了，她的分全都扣在了计算题上。想到弟弟那么聪明，她那么笨，不禁大哭起来。

爸爸听到哭声后，赶紧跑到嘟嘟跟前，问道：“嘟嘟，好端端的怎么哭了呀？”

嘟嘟哭着说：“我都知道了，我是你们捡来的小孩，弟弟才是你们亲生的。”

这话让爸爸傻眼了，他向来都是女儿娇养儿子糙养，明眼人都知道他是偏心女儿的。刚刚嘟嘟那番话如果出自浩浩之口，他一点也不会吃惊。他连忙哄女儿，然后问："嘟嘟为什么会有这样的想法呢？"

"难道不是吗？弟弟比我小，可是计算起来那么快，我都已经上三年级了，计算能力还没有他厉害。他那么聪明，我那么笨，一看就不是亲姐弟。"嘟嘟说。

爸爸这时才发现嘟嘟的数学试卷，看到分数，嘴角不禁抽了抽。他深刻怀疑，这丫头是不是因为没有考好故意哭给他看。他仔细观察了一下试卷中做错的地方，发现分数都扣在了计算题上。他不禁感叹，嘟嘟的计算能力还真是差，只是为什么会那么差呢？

爸爸拿来了一块小黑板，在黑板上写出了一道四则运算题：$45\div5\times7+65-18=?$

他让嘟嘟与浩浩一起在小黑板上计算。当浩浩将答案写完后，嘟嘟还在小黑板上打草稿，才计算到乘法这一步。这下，爸爸算是明白了，嘟嘟的计算速度非常慢，这关键原因还是没能掌握各种运算技巧。就拿他刚刚出的题目来说，三年级的学生应该能快速的心算出除法与乘法那两步，因为这两步都运用到了乘法口诀表。后两步的加减计算，可以心算，为了正确率高也可以笔算。可是嘟嘟没有运用到心算，全都是一步步地计算。

小学三年级的计算题不算少，如果每一题、每一步都要用笔算，那么时间肯定会不够，并且距离考试结束时间越近，出错的概率就越大。在训练嘟嘟的计算能力前，爸爸一点点地教授嘟嘟各种计算方法，并有针对性地训练。久而久之，嘟嘟在做计算题前，会先观察一下题目，然后再选择对的方法，这不仅加快了做题速度，还提高了正确率。

相信，许多父母在提到孩子的计算能力时，都会头疼不已，也可能会抱怨："我的孩子计算能力差！""我的孩子明明很细心，可为什么老是计算错误

呢？”事实上，孩子计算能力差是因为没有灵活地运用计算方法和计算技巧，而不能灵活运用，归根结底就是没能牢牢地掌握。倘若牢牢掌握各种计算方法，并能灵活地运用，那么计算效率会大大提高。就小学阶段的孩子来说，需要掌握哪些计算方法呢？

小学阶段的计算方法有心算、笔算、速算、巧算等。心算其实就是口算，是笔算的基础，一般依照乘法口诀表来运用，它适用于两位数以内的计算，这样准确率才会高。口算对孩子的计算速度、计算技巧、思考速度要求较高，并且不是一朝一夕就能训练出来的，必须要持之以恒地训练。父母可以经常给孩子准备一些口算题，从简单到难，慢慢训练孩子的口算能力，时间久了，孩子的口算能力就强了。

笔算，顾名思义，就是用笔来计算。这种计算方法适用于一眼看不出答案且没有任何技巧可言的计算题。笔算虽然耗费时间，但准确率很高，不过，许多孩子在笔算时，常常将题目中的数字写到草稿纸上时变成另外一个数字，一步错，步步错，最后当然会全错。可见，练好笔算的关键之处在于细心，对此，父母可以有针对性地训练孩子的细心度。

速算和巧算，其实就是计算中的一种简便计算。在说这种神奇的算法前，要先说一则有关速算的有趣故事。

爱因斯坦是一位著名的物理学家，有一天，他生病住院了，朋友们相约去看望他。为了给他解闷，其中一个朋友给他出了一道数学题。

题目是：2974×2926等于多少？

爱因斯坦几乎没有思考，立马将答案脱口而出：“8701924。”

朋友们非常吃惊，爱因斯坦怎么会算得那么快？

原来，爱因斯坦运用了数学计算中的速算法。他观察了一下题目，发现74+26=100，所以就先用2900×3000，算出答案等于8700000，而74×26=（50+24）（50－24）=50×50－24×24=1924，把两个答案加在一起，就

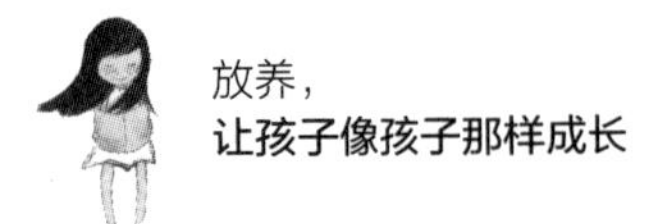

得到了8701924。这道题在速算法时运用到了乘法分配率，让一道复杂的计算题变成了一道简单的计算题。

当孩子遇到一道运算量非常大的计算题时，不要立马笔算，因为这类计算题内往往暗藏着计算技巧。所以，父母要教导孩子先观察一些题目的结构和题中数字的特点，看看能运用到哪些运算定律。只有掌握了速算和巧算，计算就会变简单，正确率也能提高。

所有的计算，只要用心观察，都会发现口诀、窍门和捷径，只有选对了方法，计算才能变轻松，孩子才会喜欢上计算。然而，任何一种计算想要达到理想的效果，都少不了训练，因此，父母可以经常有针对性地训练孩子的各种计算方法，让孩子成为一个计算小天才。

学习英语，兴趣是关键

中国人的母语是汉语，每一个孩子从咿呀学语时就开始接触它。孩子们迫切学习并掌握汉语，是因为汉语能够满足他们的自我需求，完成日常交际。然而，时代在发展，国家在进步，这就意味着，孩子还必须学习其他的语言——英语，因为英语是国际通用语，也是孩子学习生涯中必考的一门功课。

英语是孩子们学习的第二种语言，许多孩子在学习它时，已经不会像学习汉语时表现得那么迫切了。这其中有多个原因，比如孩子会惯性的用汉语来完成交际、满足需求；孩子在日常生活中接触或应用英语的机会并不多，尤其是在一些中小城市，英语在日常生活中无用武之地。

这些原因导致孩子很难对英语产生兴趣，而学习英语的方法也多数是死记硬背。在小学阶段，死记硬背学英语还能应付应付，可一到初中、高中，学习的英语单词越来越多，句式语法也越来越复杂，这样的学习方式将变得毫无招架之力。渐渐地，学习英语就成了一个大难题，也会逐渐对英语产生抵触心理。

李颖是一位事业心很强的女性，就职于一家规模颇大的外企。由于公司内的职员多数是华裔或外籍人员，致使李颖常常用英语去交流。李颖的语言天赋非常强，她的英语不论是说还是写，都非常棒。

可是让李颖头疼不已的是，她那上小学三年级的女儿倩倩一点都没有遗传到

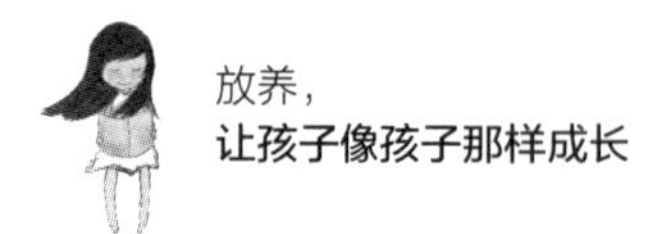

她的语言天赋。最近一个月，她都不知道接到老师的第几通电话了。老师在电话那头总是忧心忡忡地对她说：

“倩倩妈妈，倩倩这一次默写英语单词又没及格。”

“倩倩妈妈，昨天放学后，我布置了孩子要将课本上的一篇英语小短文熟读，可是倩倩不仅读得不通顺，而且许多单词的发音都读错了。她在家好好读课文吗？”

“倩倩这一次的英语测试依然没有及格，等步入初中、高中该如何是好！”

每一次接到老师的电话，李颖的心都是悬着的，她思考老师的话，倩倩在家学习不用功吗？恰恰相反，倩倩不仅好好地学习英语，而且学习的时间并不短。那么，是因为倩倩笨吗？当然不是，要知道倩倩做奥数题常常都是手到擒来。那么，倩倩为什么学不好英语呢？于是，李颖抽出了一段时间，专门观察倩倩是如何学习英语的。

这一天，倩倩起来得很早，她很用功地拿起英语书念起英语音标：“e、æ、a、ɔ:、ə:……”接着，又读起昨天老师刚刚教的英语单词：“apple、banana、pest……”

李颖觉得，倩倩的音标读得挺标准啊，哪有老师说得那么夸张。直到她走到倩倩身边，看到英语书上那些密密麻麻的汉字，她才恍然大悟。原来，倩倩在英语课本上的每一个音标、每一个单词后面都标注了汉字读音。例如，音标“e”，她在后面标注了汉字“额”；单词“pest”，她在后面标注了“拍死他”。

李颖将那些汉字擦掉，让倩倩重新读一遍，倩倩读得结结巴巴，发音也极不标准。李颖不禁叹了口气，认真地问：“倩倩，你喜欢英语吗？”

“妈妈，说实话，我很不喜欢，这些英语单词就像天书一样，我总是记不住。”倩倩一脸沮丧地摇摇头，然后接着说，“可是英语是要考试的，我不喜欢也要将它学好。”

“那你喜欢数学吗？”李颖又问。

“喜欢。数学可有趣了，就算不考试，我也会好好学习数学。”倩倩一脸开心地说。

李颖可以确定，倩倩之所以学不好英语，是因为对英语缺乏兴趣。怎样培养孩子对英语的兴趣呢？李颖苦思冥想，最终决定将倩倩带去自己的公司，让倩倩处在浓厚的英语氛围里。

李颖的做法很有成效，倩倩在与那些幽默的外国人交谈时，渐渐体会到英语的魅力，继而喜欢上英语。

学习英语，兴趣是关键。然而，许多父母并没有像事例中李颖那样的条件，可以为孩子创造一个学习英语的好氛围，父母不妨可以这样做：

父母与孩子一同外出时，可以让孩子留意眼前看到的东西，并鼓励孩子用英语说出这些东西的名称，如果不知道，可以让孩子查一查电子词典。比如看到大树时，就要说出大树的英语单词是“tree”；看到街上的公共汽车时，要说出其英文单词是“bus”，等等。此外，也可以引导孩子观察周围标有英语字眼的标识，查一查其单词的拼写是否有错误，如果找到一处错误，可以到父母那换取一些小奖励，以此保持孩子的积极性。这样的方式，不仅能帮助孩子积累词汇量，还能发现学习英语的乐趣。

父母还可以在家中设置一个英语角，在这个区域摆放一些有趣的英语读物，让孩子可以随手翻阅，也可以规定每天一个小时的时间为孩子的全英文交流时间。在这段时间内，孩子想要什么，都必须用英语去表达。渐渐地，孩子就会发现学习英语也是一件有趣而简单的事，慢慢会对英语感兴趣。

学好语言，光死记硬背是不行的，兴趣才是关键。俗话说，兴趣是学习的动力。只有激发孩子学习英语的兴趣，以后才不会担忧孩子学不好。

Chapter 7
千万次说教，不如孩子亲自体验一次

人生的经验，不是来自书本，也不是来自父母循循善诱的说教，而是来自亲身体验。

不要以“爱”的名义要求甚至强迫孩子，重要的是教给孩子判断事物的能力和价值观，鼓励孩子多尝试、多努力、多思考，学会勇敢地做出选择，并对自己的选择负责。就算孩子因此摔跤，他也会记住身上的“伤疤”因何而来。

“我是为了你好”，是最骗人的一句话

“昭昭，玩电脑会上瘾，妈妈不让你玩是为了你好。”

“昭昭，学跳舞可以提升气质，妈妈送你去跳舞是为你好。”

“昭昭，你不多花点时间学习，将来就竞争不过别人，妈妈不让你出去玩是为了你好。”

……

七岁的昭昭每天的时间都被妈妈安排得满满当当，她做的每一件事都被妈妈规划好了。每一次，她对妈妈决定的事情有所质疑、有所抗议时，妈妈都会对她说：“我是为了你好。”直到最近发生的一件事，让昭昭的小宇宙爆发了。

当时，昭昭红着眼眶大声质问妈妈：“妈妈，你老是说为了我好，为了我好，可是我看不到我有哪点好了！”

昭昭为什么不再选择忍气吞声呢?

原来，昭昭最近在小区里认识了一个新朋友。昭昭可喜欢新朋友了，因为新朋友和她年纪一样大，有很多相同的爱好，比如她们都喜欢看《小猪佩奇》，都喜欢穿公主裙，都喜欢读童话故事，等等。

每天晚上吃完饭，爸爸妈妈带昭昭出去散步时，昭昭都会找也出来散步的新朋友聊天，两个小女孩仿佛有说不完的话。有时妈妈喊昭昭回家，昭昭还不愿意

回去，这令妈妈有些不满。

这一天，爸爸和妈妈散完步带昭昭回家后，还没有坐下，妈妈就迫不及待地对昭昭说："昭昭，妈妈发现你最近对学习有些注意力不集中，是不是学习的时候也在想着与新朋友聊天的话题呢？为了你好，妈妈觉得你要减少与新朋友玩耍的时间。"

正是因为妈妈的这句话，让昭昭再也忍受不了，才质问了妈妈什么是为她好，到底她好在哪里了。最后，昭昭还哭着说："妈妈，你说玩电脑会上瘾，可是我都没有玩过电脑，你怎么就知道我会上瘾呢？你又说学跳舞可以提升气质，可你有没有问过我喜不喜欢跳舞？你说要多花点时间学习，我没觉得花那么多时间在学习上令我的成绩有所提高。现在，你又来干涉我交朋友！如果你做的这些都是为我好，我宁愿你不对我好。"说完，昭昭就回自己房间了。

妈妈听了昭昭的话，不禁有些伤心，她觉得做这些真的是为了昭昭好，可昭昭为什么不理解？昭昭爸爸听完昭昭的控诉后，叹了口气说："我想，我们应该学会放手，让孩子尝试她自己的选择。她说得对，我们没有让她尝试，没有让她选择，又怎么知道是为她好呢？"

相信，很多父母都会和昭昭的妈妈一样，不管什么事，都喜欢替孩子做决定，并且认为自己做出的决定才是最好的，理由是自己的人生经验比孩子要丰富。如果孩子说出了自己的想法，或是不愿意接受父母的决定，父母就会搬出那句老调重弹的话："我是为了你好。"可是，父母口中的"我是为了你好"，是真的为了孩子好吗？

一些父母怕孩子接触电子产品会上瘾，就从不让孩子玩，但却从来没有想过后果，殊不知不接触电子产品会让孩子与这个信息时代脱节；一些父母替孩子选择兴趣爱好，会选择他们认为对孩子有益的爱好，却从没有想过孩子只有学自己感兴趣的爱好，才能将这个爱好持之以恒地学习下去；一些父母剥夺孩子周末的休闲时光，让孩子埋头在学海中，却从没有想过就是机器也需要有休息的时间。

不可否认，很多时候父母口中的“我是为了你好”，的确是为了孩子好，但更多时候，这句话却像一个毒瘤，在慢慢伤害孩子。

有一部名为《寻梦环游记》的动漫电影，电影里的男主角是一个名叫米格的小男孩。米格非常喜爱音乐，可是他的祖母却很反感音乐。因为祖母的丈夫因为追寻音乐梦想而抛弃了家庭，她便认为音乐会毁了一个家庭。

可是米格太喜欢音乐了，他想说服祖母接受他追寻音乐的梦想，但是祖母一点也不接受，而且她还砸坏了米格自制的吉他。米格既伤心又愤怒，他对祖母说：“这样一个家庭真令我讨厌。”说完，他就离开家了。

后来，米格进行了一系列冒险，意外进入了亡灵界。米格重返人间的唯一途径就是要得到长辈对他的祝福。祖母对米格的祝福条件是，回家之后不准再接触与音乐有关的东西。米格问祖母为什么这么反对他喜爱音乐，祖母说：“我是为了你好。”在祖母眼中，音乐是害人的东西，害得她家庭破碎，而她爱米格，就希望米格不要被音乐所控制。

祖母爱米格吗？当然很爱。但她所谓的爱和所谓的“我是为了你好”，是建立在对孩子的控制上。在这个社会中，像祖母这样“爱之深，责之切”的父母有许多，都打着“我是为了你好”的旗号，对孩子进行各种控制。殊不知，这样的行为会让父母不知不觉忘记考虑孩子的选择与决定，而孩子也会变得失去自我，变得没有主见。

孩子是一个独立的个体，不是父母的复制品，也不是父母的附庸。孩子总是会有自己的想法的，也有自己对未来的规划，他终有一天要学会自己做决定。父母需要明白，多次代替孩子做决定的行为，会让孩子失去自己的判断力和价值观，这对孩子以后的成长有百害而无一利。所以，父母如果真的爱孩子，就该给予孩子平等交流的权利，给予孩子自己去选择的机会，并让孩子尝试自己做决定。

父母不需要担心孩子会失败，因为只有经历失败，孩子才会吸取教训和总结经验。父母只需要做孩子身后最坚强的后盾即可。

有责任感的大英雄从不害怕做决定

美国前总统里根年幼时发生了一件趣事。

里根十一岁的时候，特别喜欢踢足球。有一次，他不小心把邻居的窗户玻璃踢碎了，他主动找到邻居，协商的结果是，邻居让里根赔偿一笔钱。那是一笔不小的数目，里根根本拿不出那么多钱，无奈之下，只好回去找爸爸。爸爸得知事情的经过后，让里根自己想办法。

里根很沮丧，他表示自己没有那么多钱，希望爸爸可以借给他。里根还保证，自己会在一年内将这笔钱还给爸爸。最后，爸爸答应了。从那以后，里根也开始了自己艰苦的打工生涯。

从这则小故事中，我们不难看出，里根是一个特别有责任感的人。面对踢坏邻居玻璃这件事，他没有选择逃避，而是主动为自己的行为买单，承担起责任。后来，他选择向爸爸借钱，也果断承担起责任，开始了自己的打工生涯。里根做出了两次决定，每一次决定的后果他都勇敢地去面对。正是因为这种不惧选择的品质，敢于面对决定的后果，才为里根成为美国总统奠定了基础。

其实，不只是里根，每一个孩子都该为自己的行为买单，为自己的决定负责。而有责任感的孩子，也从来都不害怕做决定。因为这些孩子明白，无论自己的决定是好是坏，他都会勇敢地面对，承担起决定的后果。

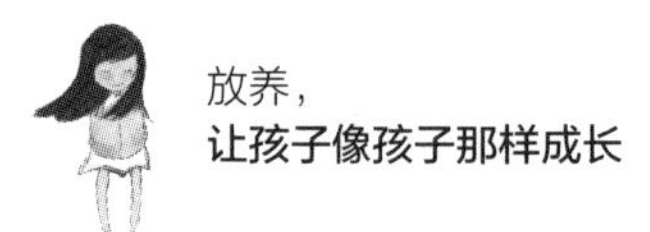

奇奇是一个九岁的小男孩，他五岁那年去舅舅家玩时，看到舅舅家的姐姐在拉小提琴。优雅悦耳的琴音立马让奇奇沉迷其中，一回到家就让妈妈送他去学小提琴。奇奇对自己的选择非常负责任，他每天都坚持训练，以至于小小年纪就能拉一手出色的小提琴，这也让爸爸妈妈非常自豪。

最近，奇奇虽然在拉小提琴，但时不时会走调，看上去心不在焉。妈妈发现奇奇的不对劲后，就问奇奇："奇奇，你是不是最近有什么烦心事？你可以告诉妈妈，妈妈或许能帮到你呢！"

奇奇叹了口气说："妈妈，老师跟我们说，最近有一个电视台要开办一场名为'我是小小音乐家'的比赛。想要参加比赛的小选手们都可以去参加海选。"

"你最近就是在为这个事烦心吗？可是，这有什么好烦恼的呢？"妈妈又问。

"我不知道我要不要参加。"奇奇一脸迷茫。

"奇奇，为什么会这么说呢？"妈妈摸了摸奇奇的头。

奇奇一脸纠结地说："妈妈，我学习小提琴好几年了，我很想知道我去比赛的话，我能获得一个什么样的名次，可是我又害怕海选时就被淘汰。"

妈妈笑了笑说："不管是晋级还是淘汰，它能影响你对小提琴的态度吗？难道你获得了第一名，或是海选被淘汰了，你就再也不拉小提琴吗？"

奇奇坚定地说："当然不会，我很喜欢小提琴，我会一直拉下去。"

"是的。如果你获得一个好名次，你会继续锻炼，让自己的小提琴拉得更好。如果你海选被淘汰，你会更加努力去训练，争取进步。"妈妈拍了拍奇奇的肩膀，然后继续说，"奇奇，你要知道，每个人一生都会有许多选择和决定，有选择就有成功与失败。只要你敢于承受失败，那么就可以不惧怕任何的选择与决定"。

在妈妈的鼓励下，奇奇选择了参加小提琴比赛。因为年纪尚小，奇奇在比赛中并没有取得一个好成绩。但是这一次比赛却让奇奇明白了，他拉小提琴的技巧还有许多不足的地方，他需要更加努力地学习和训练，争取更大的进步。

人生就像一条内流河，它有许多的岔道，每一个岔道其实都是一个选择。正如奇奇妈妈所说，有选择就会有成功和失败，成功了我们自然喜欢，但失败了也不用气馁。只要有承担失败的勇气，那么就可以不害怕做任何决定。因此，父母要着重培养孩子敢于承担责任的品质。

怎么培养孩子的责任感呢？可以让孩子做一些力所能及的事。父母不要将孩子当成温室里的花朵，不要这也不让孩子做，那也不让孩子做，这会让孩子形成不了责任的概念，那样还谈什么承担责任呢？父母要经常有意识地给孩子布置一些他们力所能及的事，比如可以让孩子每天给花浇水，让孩子明白照顾花草是他的责任，如果他不认真对待，不坚持下去，那么花朵就会枯萎，最后死去。

此外，父母不要将孩子当成孩子看待，应该要将孩子看成一个小大人。父母可以与孩子商量一些家事，听一听他们的建议，如果他们的建议很不错，父母可以采纳，以此让孩子对家庭产生责任感。

最重要的一点，父母要交代孩子不要推卸责任，要勇于承担责任。父母可以经常在孩子耳边念叨这样一些话：“这是你自己选择的”“这是你自己造成的”“既然选择了，就要敢于承担它”，等等，或是在孩子面前说一说名人敢于承担责任的故事，在无形中给孩子灌输自己的责任自己承担的观念，潜移默化地训练孩子的责任感。孩子有了责任感，才不怕做任何决定。

完美的选择是先想结果

森林里有一头牛，有一天不小心撞倒了一棵非常粗壮的大树，便认为自己的牛角是世界上最坚硬的，事实是，这棵大树的树心被蚂蚁啃食空了。然而，牛却不知道，因此还向森林之王狮子下了战书，想要取代狮子的大王之位。

狮子接到战书后，非常爽快地答应了。

战斗那天，森林里的小动物全都来围观，大家都觉得不可思议，问牛怎么会有向狮子挑战的想法，牛得意地说："我有世界上最坚硬的角，狮子一定会败在我的牛角之下。"

与牛交好的斑马说："我看你还是投降吧，你打不赢狮子的。"

同样拥有角的羚羊也说："我的羊角也又长又坚硬，但我不敢向狮子挑战。"

牛看了一眼羚羊的角，觉得羚羊的角比自己的角还要大，还要坚硬，于是好奇地问羚羊为什么不敢向狮子挑战。

羚羊说："狮子虽然没有角，但它却有迅猛的速度，矫健的身体，尖锐的牙齿和爪子。只要它跳上了你的背，它的爪子会扎进你的肉里，它的牙齿会咬住你的气管。无论你怎么扭动，都没法把它甩下来。直到你的气管被它咬断，它才会松开你。"

羚羊的一番话让牛突然想到了自己的同伴是怎么被狮子吃掉的，它不禁后悔向狮子发战书了。然而，狮子已经应约而来。正如羚羊所说，牛最后葬身狮子腹中。

这是一则很有寓意的小故事。故事里的牛高傲自大，仗着自己有点本事，便选择向狮子下战书，然而它在下战书前，浑然没有想过狮子的过人之处。毫无例外，牛被狮子吃掉了。这个故事告诉人们，在我们选择做一件事情前，一定要想一想后果，千万不能像牛那样莽撞地去选择，否则吃亏的就是自己。

相信很多父母在看完这则小故事后，会不自觉地联想到自己的孩子。似乎我们的孩子选择做一件事，很多时候都是如牛这般盲目地去选择，从不想一想选择后的结果是什么。正是因为孩子们不计后果地去选择，父母才会看不下去，然后很自然地剥夺孩子的选择权，让孩子少走一点弯路。

父母这样做无可厚非，但尽管孩子总是要面临选择后的失败，我们依然不能剥夺孩子的选择权。对孩子们来说，他们在一些事情上的选择的结果都是可以预见的，因此，父母在孩子选择的时候，可以给予孩子一些帮助，比如引导孩子思考一下选择后的结果是什么，这个结果是否他们承担得起。对孩子来说，知道结果的选择才是最完美的选择。

李轴是一名九岁的小男孩，语文成绩一向差得惨不忍睹。为了让李轴能下点功夫学习语文，李轴的妈妈便和李轴约法三章，约定李轴的语文成绩这次期末考试如果能考到80分的话，就带他出国旅游一趟。

李轴长这么大，都没有去过国外，心里对国外的风土人情充满好奇。为此，他真的下了一番功夫，每天都认认真真地学习、复习，在期末考试时，语文考到了85分，这可把李轴的爸妈高兴坏了。要知道，李轴的语文从来都是在及格边缘徘徊的。

爸爸高兴地对李轴说：“儿子，这次我们给你选择权，你想去哪里玩啊？”

“我想去非洲大草原玩。”李轴兴奋不已地说。

妈妈好奇地问：“为什么你想去非洲大草原呢？”

李轴说："是我的同学推荐我去的。他说非洲大草原有许多野生动物，这些动物都不受人类管束，我们人类可以近距离观赏。"

妈妈拍了拍李轴的头，说："儿子，在你选择去非洲大草原前，你有想到去之后是一幅什么样的情景吗？"

"妈妈，我都没有去过，我怎么知道去之后的事呢？"李轴皱着眉头不解地说。

爸爸笑着说："现在科技这么发达，你电脑用得那么好，怎么就不知道在网上搜索一下有关非洲大草原的信息呢？看看你心目中的非洲之旅和真实的非洲之旅是否一样。"

在爸爸的提醒下，李轴打开了电脑，在电脑上搜索到非洲大草原的信息，等看完后，不禁唏嘘说："爸爸妈妈，幸好听了你们的话搜了一下非洲大草原的信息，不然我们到了之后，我一定会非常后悔。"

在爸爸妈妈目光注视下，李轴继续说："我们现在这个天气过去，非洲大草原的气温将高达50多摄氏度，这么热的天气别说近距离观察野生动物了，我们恐怕都要被晒成鱼干。而且，我们并不能近距离接触动物，全都要坐在装有安全护栏的装甲车里观看，这跟去动物园看动物有什么区别呢？关键是，我们还有碰到大型野生动物和偷猎者攻击的危险。"

"所以呢？"爸爸问。

"我决定不去非洲了。在选择去哪儿前，我要做一番调查。"李轴十分严肃地说。

爸爸点点头，对李轴说："儿子，不只是我们这次旅游地点的选择，很多事情的选择上，我们都可以先想一想选择后的结果是什么，只有预料到结果，我们才能做出最完美的选择。"

如果李轴不想后果，直接选择去非洲大草原的话，毫无疑问，这将是一次非常不美妙的旅行。但是做一番调查，制定一个旅游攻略的话，虽不说能百分之百

按照自己预期的那样旅行，但也能让自己在这趟旅行中少走很多弯路。

孩子在做选择之前，父母可以引导孩子想一想这几个方面：

首先，选择后的结果是好是坏？其实，很多孩子都和李轴一样，在做一些选择时，都是不用大脑思考，盲目、莽撞地去选择。但很多时候又如李轴的爸爸所说，大部分需要孩子们去选择的事情，结果是可以预见的。如果预见的是一个好的结果，那么就可以毫无顾虑地去选择，如果预见的是一个不好的结果，那么就可以果断地不去选择。

其次，选择后的结果孩子是否能承担得起。有些时候，需要孩子去选择的事情的结果并不明确，可能好与坏、成功与失败各一半。这个时候该怎么选择呢？俗话说，明知山有虎，偏向虎山行。如果选择后的结果是孩子可以接受且承担得起的，那么就可以选择。如果选择后的结果是孩子无法承受且承担不起的，那么就可以不去选择。

选择并不是凭感觉，也不是凭冲动，因为这样选择后的结果往往是弊大于利的，只有让孩子学会先想后果，才能做出完美的选择。

选择有取舍，孩子成长的必修课

“草莓糖和苹果糖，你只能选择一个。”

“溜冰鞋和滑板，你只能选择买一个。”

“粉色公主裙和白色公主裙，你只能选择一件。”

……

生活中，当孩子碰到自己喜爱的东西时，不禁会生出“我都想要”的想法。然而，现实很残酷，父母会对孩子说一些两者择一的话。那么这个时候，孩子的选择是什么呢？

有些孩子会思考一番后果断去选择，有些孩子会纠结不已地去选择，还有一些孩子则会打滚耍赖不去选择，企图用这样的方式两者兼得。对于一些微不足道的小事，很多父母会成全孩子，让孩子鱼与熊掌兼得，但面对一些不得不去取舍的事时，就需要孩子必须要做出一个选择。

孩子的成长就像一条路，路上有数不尽的风景，也有数不清的岔路口。而每一个岔路口其实都是一次取舍的选择，因为选择了这个路口，将会错过放弃的那个路口的风景。取与舍是孩子成长路上的必修课，父母要教导孩子正确看待取舍，及时培养孩子对取舍的选择能力。当孩子具备了这种选择能力后，他的人生道路将会更加顺畅。

洋洋今年七岁了，是一个聪明可爱的小男孩，妈妈李娜也一直很注意对洋洋的全面教育，想把洋洋培养成文武双全的人。

洋洋非常自觉，每天都会主动学习，学习成绩非常好，所以李娜便想给洋洋报一个兴趣班。李娜是一个很有想法的女性，她不想随大流让孩子学习那些很多人都学的兴趣爱好，她想让孩子学习他自己感兴趣的东西。

这一天，洋洋放学后，李娜就问洋洋："儿子，你不是一直想要上兴趣班吗？妈妈准备送你去。不过妈妈尊重你的选择，说说看，你想上什么兴趣班？"

洋洋歪着脑袋想了一下，问："妈妈，我可以上几个兴趣班呢？"

李娜笑着说："兴趣在精不在多，当然只能选择一个。而且你还要学习，根本没有那么多时间去学好几个。"

洋洋听后，一脸纠结地说："妈妈，我想学小提琴，也想学画画，还想学跆拳道。对了，街舞我也很喜欢。怎么办，我该怎么选？"

李娜拍了拍洋洋的肩膀说："妈妈也帮不了你，你可以选择一个你最喜欢的兴趣。"

"妈妈，一时半会儿我也选择不出来。这样吧，我先想一想，明天再告诉你。"洋洋叹了口气说。

第二天，李娜问洋洋选择了什么，洋洋苦恼地说还没有想好，表示还想思考几天。过了几天，李娜再次询问，洋洋依旧没有选择出来。就这样拖拖拉拉半个多月，洋洋还是没有选出一个结果。看到儿子这么优柔寡断，李娜不禁皱起了眉头。她给洋洋下了最后通牒，说："洋洋，妈妈明天早上就带你去报名，你今天必须做出选择。"

洋洋一听，立马着急地说："妈妈，你给的时间太短了，我肯定选不出来。"

李娜摸了摸洋洋的脑袋，意味深长地说："洋洋，如果你是一名医生，马上要给病危的病人用一种药，可是你却因为选择哪一种药而犹豫不决，病人能等得起吗？"

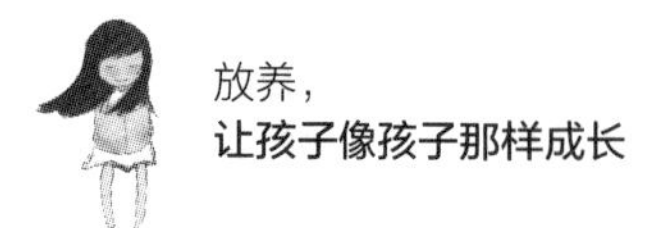

洋洋摇摇头说：“等不起。”

“是的，等不起。”李娜又继续说：“在这个世界上，我们每个人都会面临一些取舍的选择，有选择就意味着有得有失。你是一个独立且有思想的人，你要学会在取舍中去选择，这对你的成长非常重要，你懂了吗？”

“妈妈，我明白了。”洋洋点点头，最后说，“我决定了，我还是选择学习街舞吧，这是我最初的一个兴趣爱好，选择它我一定不会后悔。”

就这样，李娜带着洋洋报名参加了街舞班。

相信很多孩子都和洋洋一样，在选择自己喜爱的兴趣爱好上摇摆不定，纠结不已，恨不得什么都想学。可是，一个人的精力是有限的，不可能每一个都去学习。就像李娜说的，兴趣在精不在多，只有全心全意地学习一项，才能将那一门兴趣学好。那么，这个时候就不得不做出选择。

在面临取舍的选择前，父母可以帮助孩子做一做功课，让孩子做出一个正确的选择。

首先，父母可以帮助孩子正确认识取舍。著名的“塞翁失马，焉知非福”的故事家喻户晓。故事说，在很久以前，有一个老翁丢了一匹马，正当他为丢失马而伤心时，他的马又回来了，而且还带了一群马回来。得了马群的老翁高兴极了，却不承想儿子在骑马时摔断了腿，成了残疾，老翁为此痛心不已。在朝廷四处征兵的时候，老翁的儿子因为残疾免除了兵役，没有死于战场。

不可否认，有选择，就会有取舍，但有时候舍弃并没有我们想象中的那么不好，就像故事里的老翁，他的马丢了，但他又得到了一群马，他的儿子摔断了腿，但却被免了兵役。所以，舍弃并不是祸，取得也并不是福。只有正确看待取舍，才能做出一个不遗憾的选择。

其次，引导孩子学会正确地比较。孩子很多时候拿不定主意做选择，是因为选择的事物都很好，或是都不好。这个时候，就需要让孩子比较一下选择项目，斟酌一下哪个选择是对自己有利的，或是哪个选择的弊是最小的。有了比较后，才能做出一个最佳选择。

人的一生需要经历无数次选择，没有谁能够保证自己的每一个选择都是正确的，都是对自己有百利而无一害的。有选择就会有取舍，只有引导孩子摆正心态，才能让孩子对自己的选择不后悔，才能让孩子不再惧怕选择。

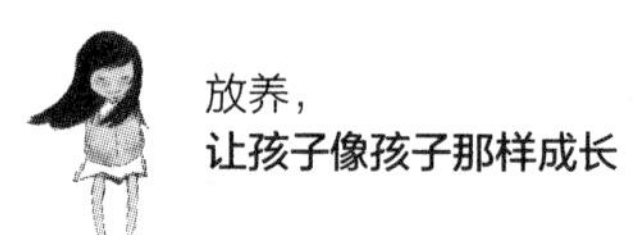

螃蟹有毒没毒，只有亲自尝一尝才知道

相传，在很久以前，江河湖泊里有一种长相怪异的甲壳虫。它长了两只大螯八只足，那对大螯不仅能夹断树枝，还会夹人，于是人们便给它起名“夹人虫”。后来，大禹去江南治水，看夹人虫泛滥成灾，便派一个名叫巴解的壮士去治理。

巴解觉得，一只只去处理太费事，而且还容易被夹。他想了一个法子，在夹人虫泛滥的湖泊周围挖了好几条长坑，并往坑内倒入了煮沸的水。夹人虫一爬上湖泊，纷纷跌入坑里被烫死。被烫死的夹人虫浑身通红，还散发出一股诱人的香味。

巴解非常好奇，便把夹人虫的壳给剥开，这一下，香味更加浓郁了。巴解想，这东西这么香，是不是可以吃呢？当他准备要咬一口时，周围的百姓纷纷劝他不要吃，并推测这种夹人虫可能有毒。

巴解说，有毒没毒，只有亲自尝一尝才知道。所以，他壮着胆子咬了一口，哪想到味道鲜美极了，比他吃过的任何山珍海味都要好吃。百姓们看巴解吃得津津有味，且没有中毒的迹象，不禁也胃口大开，纷纷吃了起来。就这样，一传十，十传百，令人又恨又怕的夹人虫一下就成为家喻户晓的美食。

后来，人们为了纪念第一个吃夹人虫的巴解，就将他名字里的“解”字下面加个“虫”字，将夹人虫正式命名为“蟹”，也就是现今我们吃的螃蟹。而“蟹”也意指巴解征服夹人虫，是天下第一个吃蟹的人。

在没有吃螃蟹前，螃蟹究竟有毒没毒呢？相信谁也不能笃定地说有毒或没毒，因为只有亲自尝过，才知道有没有毒。其实，世界上很多事物，在没有尝试之前，谁都不知道结果如何，只有尝试过后，才能得到自己想要的答案。

然而，因为一些事物的潜在危险，很多父母在看到孩子选择尝试一些新鲜事物时，会不由自主地剥夺孩子选择的权利，阻止孩子去尝试，以至于我们常常会看到：当孩子想要爬树时，父母会担心孩子摔下来而去阻止；当孩子想要参加一场长跑比赛时，父母会担心孩子脱力而去阻止；当孩子想学自行车时，父母会担心孩子摔伤而去阻止……

不可否认，父母的阻止是出于对孩子的保护，但孩子就像雏鹰，他们总有长大的一天，总要独自翱翔于蓝天。俗话说得好，千万次说教，不如孩子的一次尝试。父母应该学会尊重孩子的选择，鼓励孩子去尝试新事物。只有尝试了，孩子才会获得经验和吸取教训，也会掌握判断问题和解决问题的能力。

小凯是一个非常闹腾的小男孩，几乎没有一刻能停下来，就算在学校上课，也是小动作不断，注意力难以集中，以至于学习成绩一直不上不下，妈妈秦岚为此头疼不已。

秦岚为了培养小凯的耐心与专注力，便将小凯送去了象棋兴趣班。哪想到，小凯一天也待不住，完全不感兴趣。后来，秦岚又陆陆续续送他上了好几个兴趣班，学习效果都不佳，耐心与专注力也没培养出几分。

忽然有一天，小凯在电视上看到竞技叠杯的节目，立马被参赛选手们快得看不清的手速给吸引住了，他想也没想，立马跑去对秦岚说：“妈妈，我想学习竞技叠杯，你送我去学习吧！”

其实，小凯心里也没有谱，他以前学什么都是三分钟的热度。就像在不久前，他向妈妈提议要学习魔方，可是不到一周，他就没兴趣了。竞技叠杯和魔方都是性质差不多的项目，妈妈说不定不会答应。

在秦岚没有开口前，小凯叹了口气，率先说："算了，我还是不要学了。"

秦岚好奇地问："怎么又不想学了呢？"

"我怕我又是三分钟的热度。"小凯说。

然而，秦岚却鼓励小凯说："儿子，是不是只有三分钟的热度，妈妈猜不到，你也猜不到，只有尝试一下，我们才能知道结果。说不准，你就对竞技叠杯很感兴趣呢！既然有想法，那就去尝试，妈妈永远支持你。"

小凯感动极了，在妈妈的鼓励下，他参加了竞技叠杯训练班。

让人意外的是，小凯常常能连续训练两三个小时，从不喊苦喊累，此外他在竞技叠杯上非常有天赋，仅仅学习了一个月，手速和正确率就比学习了一年多的孩子强。更令秦岚欣喜的是，小凯的耐力与专注力有了显著的提升，他现在不管是在课堂上学习，还是回家学习，都是非常有耐心。

就这样，小凯坚持练习竞技叠杯两年多了，当看到将举办全国少儿竞技叠杯比赛的消息后，犹豫不决的小凯在妈妈的鼓励下勇敢报名了。最终，小凯一路过关斩将，凭着自己的能力与运气，夺得了大赛的季军。

如果小凯不去尝试竞技叠杯，那么他绝对不会知道自己会有这方面的天赋，妈妈也将继续为小凯的闹腾和注意力不集中而头疼。如果小凯不报名参加竞技叠杯比赛，那他也不会知道自己的实力如何，也无法预知自己在比赛中将取得一个什么样的成绩。正是因为有了尝试，才让小凯知悉了自己的天赋，才在比赛中获得季军。而妈妈也因为给予孩子尝试的机会，鼓励孩子去尝试，得到了自己想要的结果。

尝试其实是一种勇气，父母如果经常阻止孩子去尝试，无疑会令孩子渐渐失去勇气，继而让孩子失去独立的能力。而孩子的一生会面临无数的选择，失去勇气与独立能力的孩子不仅会在选择上显得优柔寡断，遭遇挫折后也很难站起来。这样的结果，对孩子的人生来说显然是有百害而无一利的。

螃蟹有毒没毒，梨是酸是甜，咖啡是苦是辣，只有让孩子一一尝试，才会知道。所以，父母不仅不能阻止孩子去尝试，还要鼓励孩子去尝试。那么，有什么好办法可以让孩子选择积极的尝试呢？

父母可以用轻松的口吻激励孩子。很多时候，孩子想要尝试一件新事物，但因为不自信和缺少勇气，继而退缩。这时候，父母要给予孩子勇气，要用轻松且激励的口吻去鼓励孩子勇敢尝试。例如，孩子想要学习游泳，但又害怕溺水，父母可以对孩子说一些“不用怕，你可以的”“你是最勇敢的”等激励的话。只有帮助孩子鼓起勇气，建立自信，孩子才会不惧怕任何选择与尝试。

此外，父母要给予孩子自主权，不要随意批评孩子的选择。其实，每一个孩子都是天生的冒险家，面对新奇的事物，都有一探究竟的欲望。但是，由于父母无形中对孩子自主权的剥夺，会令孩子渐渐丧失那种敢于冒险、敢于尝试的精神。只有父母尊重孩子，给予孩子自主权，孩子才会变成那个不惧一切的勇士。同时，对于孩子的一些选择，父母可以点评，或是给予一些好的、令孩子少走弯路的建议，但绝不能随意去批评孩子的选择，因为这会令孩子对自己的选择产生怀疑，继而失去尝试的动力。

不翻越高山，人们永远都看不到高山背后的那片海；不越过大海，人们永远都看不到与海相连的那片陆地。只有将孩子培养成一个敢于尝试的孩子，他才不会惧怕一切选择，而他的人生也将因为勇敢和坚强而绽放出最绚丽的光彩。

给孩子一双翅膀：我的地盘我做主

很多父母一定会碰到这样一个难题：孩子向来乖巧懂事，突然有一天变得非常叛逆。这表现为，父母让他安静一点，他偏要吵闹不休；父母让他穿运动鞋上体育课，他偏要穿休闲鞋上体育课；父母给他做好了营养健康的早餐，他偏要吃外面小巷子里的早餐……总之，父母不让干什么，他们偏要干什么，怎么闹腾怎么来。

很多时候，孩子的心里很清楚，他们知道父母的话和建议是为他们好，但他们依然选择与父母针锋相对。这是为什么呢？其实，这些叛逆的行为是孩子“自我意识”觉醒的表现，他们想要用这种与父母对着干的方式来吸引父母的注意力，以此让父母归还他们自主权。

每个人都是独立存在的，谁都希望自己是自己的主人，孩子也不例外。从孩子出生起，他就有了自己的想法，饿了会哭，身体不舒服会哭，尿床了也会哭，哭是他们表达自我思想的一种方式。再长大一点，孩子会对各种事物好奇，并且向父母问东问西，也会对一些事物发表自己的看法，而这正是孩子“自我意识”朝“自我主权”发展的一个演变过程。

孩子希望有自己的权利，希望在自己的小地盘上当大王。作为父母，我们不能一味地认为自己的决定是为了孩子好，从而剥夺孩子的自主权。父母要及时察觉孩子的叛逆行为，给予孩子足够的自主权。要知道，长期无视孩子的选择与想法的话，会让亲子关系产生极大的矛盾。

包包是一名小男孩，他们家最近买了一套新房子。妈妈告诉包包，其中一个卧室将由包包居住。包包为即将获得属于自己的小房间而高兴不已，整天缠着妈妈问什么时候装修。

包包虽然只有七岁，但却非常有主意，电脑也玩得特别好。他早早就在网上查找卧室的装修图，并想好了自己的卧室要装修成什么样。终于等到装修时，他迫不及待地对妈妈说：

“妈妈，我想要把房间贴上蓝色的带有浪花的墙纸。”

“我的床要海盗船造型的，天花板上要装饰一些星星和月亮，让我有一种在大海里躺在海盗船上看星空的感觉。”

“妈妈，你看过《霍比特人》吗？我房间的家具要像霍比特人家里的家具一样。”

……

包包妈一开始还很有兴趣听包包说自己幻想的房间模样，但说了几点后，妈妈不自觉地皱起了眉头。她对包包说：“儿子，我们家装修的总体风格偏向现代简约，你说的装修风格和我们家一点都不搭。我看，你还是交给妈妈来帮你设计吧！你放心，妈妈一定会帮你装修出一个你喜爱的房间。”

妈妈的话让包包非常生气，他不禁气冲冲地说：“妈妈，你装修得再好看，我也不会喜欢，我只喜欢按照我的设计装修出来的房间。”

包包的话，妈妈没有当真，她按照自己的设计给包包装修卧室。其间，包包都没有看自己的房间被装成了什么样。直到装修结束，他才跟着爸爸妈妈一起去看房子。

“包包，看看你的房间，喜不喜欢？”妈妈打开包包的卧室，迫不及待地问包包。

包包的卧室被妈妈装修得简洁大气，让人一眼看去非常舒适，但是包包的脸上没有露出丁点儿喜爱的表情，他皱着眉头噘着小嘴说："我才不喜欢。"

过了一段时间，包包一家住进了新房，包包对他的卧室进行了一系列破坏。他会拿着蜡笔在淡黄色的墙纸上乱涂乱画，他会用手将床上的靠垫抠出一个个小洞，他会在新买的书桌上贴满贴画，对于自己的房间，他也从来不收拾。

种种行为，终于惹火了妈妈，妈妈生气地质问包包："你以前不是想要一个属于自己的房间吗？为什么现在有了却不珍惜呢？"

"我的房间不是应该由我做主吗？可是这个房间是按照你的设计装修的，它根本就不属于我。"包包生气地反驳后，跑回房间，"砰"的一声关上了门。

"你这孩子……"妈妈气得要去包包房间理论。

不过，包包爸爸却将她拉住了，他拍了拍包包妈妈的肩膀说："包包说得对，我们装修得再好看，可终究不是按照他的意愿设计出来的。孩子长大了，他有自己的选择和想法，而他的这些破坏行为是提示我们要尊重他的选择与想法，给予他选择权。我想，我们有必要给他打造一个只属于他的地盘。"

后来，包包的爸爸妈妈拆除了包包卧室原本的装修，他们按照包包的选择和想法，装修成他想象的模样。虽然卧室被装修得不伦不类，但包包非常喜欢。不用爸爸妈妈提醒，他每天都会主动把房间整理得干干净净。更让人意外的是，包包可以安静地在卧室里写很长时间的作业，再也不用父母催促了。

正如包包爸爸所说，包包表现得对房间一系列的破坏行为，其实是变相地向妈妈抗议，他在告诉妈妈，他需要自主权，他希望妈妈能按照他的选择和想法来装修房间。如果包包的爸爸妈妈不重新给包包装修卧室，那么长期住在卧室里的包包会越来越压抑，继而做出更大的破坏性行为。

亲子间的矛盾，绝大多数都是父母不尊重孩子的自主权造成的，而亲子间的亲密，则是父母尊重孩子的自主权塑造出来的。父母想要与孩子和谐相处，不妨给孩子一双翅膀，让孩子可以"我的地盘我做主"。

此外，我们也会发现这样一个现象：对比同年龄的孩子，有的孩子特别有主见，在选择上永远都是快狠准，做出的决定也都是对自己有利的；有的孩子则会像墙头草，在选择上从来都是摇摆不定的，最后做出的决定也都往往弊大于利。就这类问题，孩子会有两个极端的分化，其原因也在于父母是否给予孩子自主权利。

通常来说，如果父母给予孩子足够的自主权利，孩子会非常有主见，如果父母剥夺或极少给孩子自主权，孩子会很没主见。前者因为多次的选择掌握了足够的经验与教训，在往后的每一次选择中，往往会很快地做出对自己有利的选择。而后者因为缺乏选择的经验，此后的每一次选择都会优柔寡断，无法判断出哪项选择是对自己有利的。可见，给予孩子自主权，尊重孩子的选择和想法是一件非常重要的事。

孩子就像一只鹰，它会飞向更远更高的天空，去俯瞰他视野中的风景。父母需要做的是陪伴孩子，而不是让孩子站在我们的肩膀上看我们视野中的风景。

失败的选择也能创造财富

很久以前，大山里住着一对兄弟。这对兄弟的关系极好，而且很有想法。因为贫穷，他们迫切地想要发财。两人商议一番后，决定变卖自己在山中的田地与房屋，用变卖得到的钱收购山民手里的特产，然后卖给城里的有钱人，以此来赚一笔钱。

这座大山的特产有两样，一样是麻，一样是动物皮毛。年长点的哥哥说："我们收购可以保暖的动物皮毛，城里的有钱人一定会乐意买下皮毛制成大衣。"

年轻些的弟弟却不赞同，他说："我觉得我们应该收购城里人鲜少见过的麻。物以稀为贵，城里人一定会高价买的。"

哥哥皱着眉头说："麻制成衣服非常粗糙，而且还不保暖，不凉爽，会有人买吗？"

弟弟听后，仍然坚持己见。就这样，兄弟两人一个收购动物皮毛，一个收购麻。之后，两兄弟带着货物一起去了城里。

起初，人们对麻很好奇，但打听一番麻的用处后，便纷纷没了兴致，鲜少有人会买。哪怕弟弟把麻的价格一降再降，也无人问津。就这样，弟弟连本钱都没有赚回来。反观哥哥，他的动物皮毛非常完整，晾制得也特别好，而且价格也很公道，没多久就卖得精光，大赚了一笔。

弟弟因为年轻，缺少经验，因而选择错误，损失惨重，但他会因此放弃自己的发财梦吗？答案是没有。他向哥哥借了一笔钱，走了很远的路，收购居住在其他山头的猎户们手中的皮毛，然后拿去城里卖。最后，他不仅还了哥哥的钱，而且还小赚了一笔。

此后，弟弟每一次选择去城中贩卖物品时，都会先做一番调查，然后再做选择。几年下来，弟弟成为小有名气的富户。

人的一生就像是一条崎岖不平的路，稍微不小心就会因为坑崴到脚。同样的，每个人的一生会有无数的选择，谁也不能保证自己的选择就一定是对的。有选择，就意味着有成功和失败。成功了固然令人欣喜，失败了又该如何呢？自然是吸取教训与经验，爬起来继续走。

相对来说，成年人的意志力比较坚定，失败了会再来一次，或是能快速走出失败的阴影。而孩子的意志力薄弱很多，他们失败了，都会一蹶不振，需要很长一段时间才能站起来。作为父母，在孩子因为选择而失败后，要引导孩子正视失败，总结教训，吸取经验，明白失败也是一种财富。

时光小学即将举办一场运动会，向来积极参与班级或学校活动的桐桐自然要参加。她对运动会中的跑步项目特别感兴趣，只是让她难以选择的是，她要选100米短跑，还是800米长跑呢？一直到放学，她都没有选择好。回到家后，又被动画片吸引了，以至于把难以抉择的难题忘记告诉妈妈了。

第二天到了学校，桐桐才想起这件事。只是今天就要填报项目了，她也没时间问一问妈妈的意见了，思考一番后，还是选择了800米长跑。

就这样，不知不觉，运动会来临了，很多家长都来观看孩子们在运动会中的表现，桐桐的妈妈也来了。

桐桐激动地走到了800米长跑中属于她的跑道上，她远远地看到妈妈朝她做了一个加油的姿势。桐桐暗暗给自己打气，一定要跑出一个好成绩。随着裁判的一声令下，参赛的同学全都迅速地奔跑起来，桐桐也不例外。

在前200米时，桐桐一马当先，拉开其他同学一大截。然而，过了200米后，桐桐体力有些跟不上了，这让其他同学纷纷赶了上来，与她距离越来越近。跑完400米后，其他同学都反超了她。

毫无悬念，这一次800米长跑比赛，桐桐获得了最后一名。

这样的成绩令桐桐沮丧极了，她眼泪汪汪地对妈妈说："妈妈，我是不是太差劲了，不仅没跑入前三名，还跑成了最后一名。"

妈妈温柔地说："我的桐桐是最棒的，这仅仅是一次比赛，并不代表什么。"

"妈妈，你知道吗？我现在好后悔。如果我当初选择100米短跑，那我一定能跑第一名。可惜，这个世界上没有后悔药。"桐桐沮丧地说。

妈妈摸了摸桐桐的脑袋说："桐桐，有选择就会有失败，你应该正视失败。失败会让你得到教训，总结出经验。就像这次跑步比赛，你明白了你擅长短跑，不擅长长跑，在下一次运动会时，你就会选择你擅长的短跑了。"

桐桐听后，立马走出阴霾，她高兴地说："妈妈，你说得对，下一次跑步比赛，我一定会跑第一名。"

有比赛，就会有输赢，而有选择，也会有成功与失败。当孩子因为自己的选择而面临失败时，父母应该和桐桐的妈妈一样，去安慰、鼓励孩子勇敢地面对失败，为孩子分析因为选择而导致失败后的财富，让孩子振作起来，不对选择产生畏惧。

此外，当孩子能正视失败时，父母还要鼓励孩子根据他总结的教训与经验，再次尝试他自己的选择。因为很多时候，孩子的选择都是可以多次尝试的，不能让孩子因为一次失败而选择放弃，因为这会消磨孩子的意志。

在鼓励孩子再次尝试前，父母要对孩子说一些“你是最勇敢的”“下一次一定会成功”“坚持就是胜利”“妈妈相信你可以”等鼓励性的话。只有提高了孩子的自信心，孩子才不会害怕尝试，也能为自己的选择而负责。

选择不能盲目，细细思考很重要

人们在选择上一般会有两种方式，一种是先思考后选择，一种是先选择后思考。前者偏向于善于计划、做事谨慎，而后者则偏向于行动、做事鲁莽无畏。这两种选择方式相对而言，前者比后者要有利许多，因为先思考后选择，会令选择的事情执行起来更明朗，成功率变得更大。

观察我们的孩子，因为年纪小，身上便有种“初生牛犊不怕虎”的勇气，因此在选择上，常常都是先选择后思考。不可否认，先选择能培养孩子的勇气，但带来的负面影响却很多。比如这会让孩子变得很莽撞，做事渐渐不用头脑；会让孩子在执行选择的事情时连连败北，打击孩子的自信心；会让孩子做事没有步骤，缺乏条理性，等等。

因此，不管是选择无关紧要的小事，还是选择一件事关紧要的大事，都需要先仔细思考，然后再去选择。这样不仅能培养孩子善于思考的好习惯，也能培养孩子细心谨慎、有条不紊的做事风格。

俊俊是一名九岁的小男孩，特别喜欢凑热闹。平时学校或社区举办的一些亲子活动，他都非常积极地去参加，尤其是得到一些奖品时，他会高兴好几天。

这一天，俊俊所居住的小区举办了一场主题为“我爱我家”的亲子活动，获得冠军的家庭将得到的一个变形金刚玩具奖品。俊俊得知消息后，立马拉着妈妈去参加了。妈妈也很乐意陪俊俊参加，因为这样的活动可以培养孩子的积极性和亲子关系。

俊俊看到变形金刚玩具后，激动地说："哇，妈妈，这个变形金刚是擎天柱，是我最喜欢的。妈妈，我们一定要得到冠军。"

"好，我们要加油！"妈妈笑着鼓励俊俊。

这一次亲子活动初赛的项目有两个，一个是跳绳，一个是两人三足。每个家庭可以随意选择其中一项，只要获得各个项目的前三名，就可以进入决赛。

跳绳活动规则是，家长握着跳绳带孩子一起跳，两人一同跳过跳绳，才算跳成功一个。在五分钟内，跳的数目最多的前三名晋级。两人三足的活动规则是，用一条丝带将家长的一条腿与孩子的一条腿绑在一起，一起跑向终点，率先抵达终点的前三名晋级。

俊俊看很多家庭都选择了两人三足，少数家庭选择了跳绳，便想也没想地选择了跳绳。

妈妈看到俊俊的选择后，便问俊俊选择的原因。

俊俊随口说道："妈妈，参加两人三足的家庭比参加跳绳的家庭多太多，我们参加跳绳的话，获得前三名的几率会人很多。"

妈妈听后，眉头轻轻皱了一下，但还是尊重了俊俊的选择。

就这样，俊俊与妈妈去了跳绳组。

当裁判一声令下，妈妈立马挥动跳绳，哪想到俊俊跟不上跳绳的速度，第一个就跳失败了。俊俊看其他家庭都在连着跳，不禁有些着急，以至于接二连三没有跳过去。不知不觉，五分钟过去了，俊俊这组跳的数目最少，是倒数最后一名，所以被淘汰了。

俊俊沮丧地说："真后悔，我应该选择参加两人三足。"

妈妈问俊俊原因。

俊俊说："虽然选择参加跳绳游戏的家庭少，但他们默契十足，速度快，明

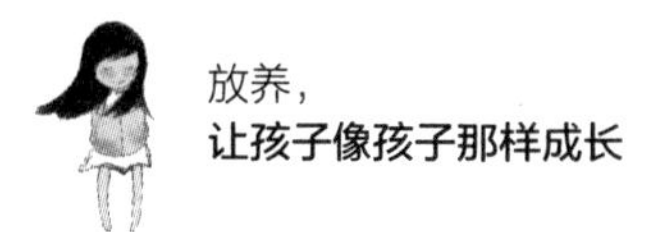

显是平时都有跳过，而我们平时都没有跳过，一点都不熟练，怎么可能赢他们。反倒是两人三足，我们玩过很多次了，而且还默契十足。我刚刚观察过，以我们的速度一定可以跑进前三名。”

妈妈欣慰地说：“儿子，你分析得很对。我们在选择上，绝不能盲目，应该要先思考和分析一番选项，然后再做出选择，这样的选择才是对我们有利的。这一次，虽然因为你的选择而失败了，但我们吸取了经验和教训，以后在选择时，就知道要先动动脑筋了呀！”

妈妈的一番安慰让俊俊不那么失落了，下一次他一定要斟酌后再做选择。

故事里的俊俊在选择时，只看到了表面，没有用头脑深层次地思考选项，以至于与晋级失之交臂。倘若他在选择前先思考一番，选择他擅长的、对他有利的项目，那么他将有很大的机会晋级。

观察我们的孩子，很多时候在选择上，他们也都是盲目的，不经过大脑思考就做出了选择。比如，当孩子看到同学买了一双帅气的篮球鞋，在妈妈带他去买鞋时，他会鬼使神差地选择也买一双，可事实上他根本没有想过，他不喜欢打篮球；当孩子看到小伙伴去上兴趣班时，也会心血来潮嚷嚷着去，在选择上哪个兴趣班时，他会不由自主地选择和小伙伴上同样的兴趣班，全然不顾自己是否真的感兴趣。

这种盲目的、从众的选择，都是不经过大脑思考的选择，因而这样的选择都是对自己没有益处的。但对孩子来说，先思考后选择是他们必须掌握的技能。在培养孩子良好的选择习惯前，父母可以先锻炼孩子独立思考的能力。

不管是面对选择，还是面对一些困难，都需要孩子去思考。因为思考可以帮助孩子做出有利的选择，可以帮助孩子想出克服困难的方法。可见，独立思考对孩子非常重要。但是在中国，很多孩子的独立思考能力普遍不强，且缺乏主动性，这其中最大的原因其实是父母造成的。因为父母给孩子创造了一个安逸的生活环境，凡事都帮着孩子去思考、去抉择，这就使孩子本能地产生一种“万事靠父母”的念头，久而久之就放弃了自我思考。

在锻炼孩子的独立思考能力时，父母首先要做的是培养孩子的独立意识，让孩子自己的事情自己做；其次，在孩子遇到困难时，父母不要替孩子解决，而是要引导孩子思考，时间久了，孩子自然能养成爱思考的好习惯，在遇到选择时，会先动一动脑筋，然后再去选择。

孩子的一生会遇到太多的选择，有的选择能一目了然地选出对自己有利的，但面对有些选择时不得不去深思熟虑。选择是一道高分题，只有细细思考，才能选出正确的选项。

Chapter 8
活成自己想要的模样，是成功的唯一标准

孩子成长过程中，各种不配合、不听话的行为层出不穷，其实是因为父母给孩子限定得太死，然后不厌其烦地督促和纠正。

教育，不是命令、控制、预设，更不是父母遗憾的补偿，而是赋予孩子自由、愉悦、受到尊重的感受，不束缚、不设限，让孩子按照自己的意志去成长，活成自己想要的模样。

放下“神童梦”，孩子才能不寻常

在每一对父母眼中，自己的孩子一定是与众不同、独一无二的。然而，许多父母的期望太高了，以至于将这份独特演变成一个“神童梦”。

此刻，每一位都该问一问自己，你是一个拥有“神童梦”的父母吗？或许是，但你却不自知。在此，不妨回忆一下自己的内心是否出现过以下一些想法：

希望孩子的记忆力惊人，最好能过目不忘；

希望孩子在三岁以内能认识所有的汉字；

希望孩子某方面拥有一鸣惊人的特长；

希望孩子可以在两年内学完小学课程，三年内学完初、高中课程；

希望孩子可以成为全国年纪最小的大学生；

……

但凡有其中的一个想法，或是想让自己的孩子甩开其他孩子一大截，那么毫无疑问，你就是一个有着“神童梦”的父母。在中国，许多父母都会有“神童梦”，只是这个梦是怎么编织成的呢？原因有很多，比如中国人自古以来就有着传统的神童情结；父母不是神童，便将梦想强加在孩子身上；别人的孩子是神童，我的孩子也一定能成为神童，等等。

不可否认，这世上确实有天才，但是天才存在的概率可能是百万分之一、

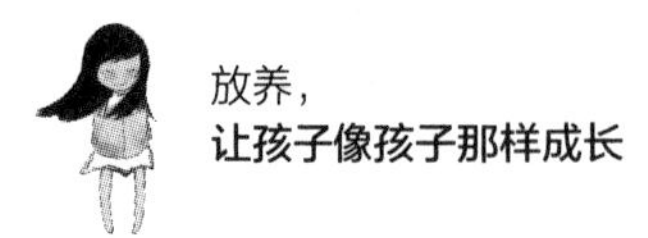

千万分之一。所以，绝大多数的孩子都是普通的，即使他们再怎么努力，也无法成为传说中的神童。如果父母不认清事实，硬是将孩子当作神童来培养，那无疑会给孩子带来沉重的压力，令孩子生活得不开心，甚至压抑，这对孩子的身心发展极为不利。

小凉是一个特别聪明的小男孩，他从小就表现出极高的数学天赋。比如，别的孩子还在数1、2、3时，他已经能数到100了，别的孩子还在学1+1时，他已经会100以内的加减法了，等别的孩子学会100以内加减法时，他已经能将加减乘除四则运算运用自如了。

正是这样的天赋，才让小凉妈妈觉得自己的儿子是与众不同的。再有，周围邻居看到小凉妈妈后，都会夸奖小凉说：

“小凉妈妈，你家小凉真聪明，把同龄的孩子甩开一大截了。”

“小凉真是个数学小天才，好好培养的话，将来在数学上一定会取得大成就。”

这些夸奖的话越发助长了小凉妈妈对小凉的期望，她希望小凉长大后可以成为第二个华罗庚。有了伤仲永的故事做前车之鉴，她便有意识地培养孩子，为孩子定下一个个目标。以至于小凉小小年纪就在妈妈的带领下上着各种各样的数学班，比如奥数班、心算班、珠算班等。每隔一段时间，小凉妈妈就会为小凉报名参加比赛，而小凉也不负妈妈所望，在各种比赛中都取得了不错的成绩。这些成绩除了让小凉妈妈欣慰外，更多的是她拥有了将小凉塑造成神童的动力。

就这样，小凉一直按照妈妈规划好的路线在发展，小凉妈妈也以为孩子会一直很听话。可是在小凉十二岁那年，事情发生了转折。

那一年，小凉迷上了打篮球，他对数学渐渐表现出了厌烦的情绪。所以，小凉常常趁妈妈不在家偷偷跑出去和同学打篮球，每次打完篮球，他的心情都特别好。有一次周末，小凉妈妈与往常一样，将小凉送去了奥数班。由于小凉和同学约好了去打一场篮球赛，所以妈妈刚走，他就偷偷溜走了。老师上课点名时，发现小凉不见了，这可把他急坏了，连忙打电话给小凉妈妈。

小凉妈妈急坏了，找了小凉整整一个下午，好在傍晚的时候，小凉自己回了家。可想而知，小凉妈妈发了好大一顿火，也察觉到小凉是因为打篮球而逃课的。她不仅呵斥了小凉一顿，并警告说：“你以后不许再打篮球！”

“妈妈，凭什么不许我打篮球？我喜欢打篮球！”小凉愤怒地质问。

“再过不久，你将要参加一场全国性的少儿数学竞赛，如果你能在这次比赛中取得好成绩，那么很有可能被某所大学破格录取。所以这段时间，你要全身心地投入数学学习中。”妈妈郑重其事地说。

妈妈的强迫令小凉很不开心，对数学也越来越厌恶。但是他人微言轻，不得不妥协，所以每天放学后，他都会乖乖看书。不过学习效率却很差，以往一些做对的题目也常常做错。最终的考试结果可想而知了，小凉在这次数学竞赛中取得了一个极差的成绩。

后来，小凉对数学越来越厌烦，小时候展露出来的天赋渐渐消失，小凉妈妈的“神童梦”最终也没有实现。

事例中的小凉或许是有数学天赋的，但可惜的是，他的妈妈并没有在发现他的天赋后进行合理保护与利用，而是不断地强迫孩子去学习。这种强迫让小凉喘不过气，最终演变成厌恶数学，并丧失了对数学的兴趣。而没有兴趣，有再好的天赋也是枉然。此外，因为妈妈的神童梦，小凉也没有一个宝贵的值得回忆的童年。

相对于小凉妈妈的做法，著名的绘画大师毕加索对女儿截然不同。毕加索也有一个神童梦，他希望女儿可以成为世界级的绘画大师。所以，他在女儿很小的时候就对她进行了艺术启蒙，鼓励她在画布上涂抹。可是女儿懂事后，渐渐表现出了对绘画厌烦的情绪。毕加索选择了尊重女儿的选择，并鼓励女儿去追寻自己的理想。最终，他的女儿成为一名享誉世界的设计师。

父母需要明白，神童与普通孩子相比，除了天赋高一点以外，并没有其他什么区别，都需要一步一个脚印、按部就班地去成长。这个成长的过程，除了学习外，更多的是对孩子人格、品德、人际交往等多种能力的培养。

每一对父母都要学会毕加索身上的洒脱，敢于放弃“神童梦”，如此孩子才能感受到快乐，才能走出一个属于他自己的人生。

不逼迫孩子，让孩子顺应天性发展

如果让我们用一个词形容自己的童年，会用哪一个词呢？可能有幸福、劳苦、快乐、不幸、贫穷……但有一个词却能概括我们这一代每个人的童年，那就是自由。

不管家庭条件是富裕还是贫穷，我们童年时都是自由自在的，不怎么受父母的逼迫，能不受限制地在户外奔跑与玩耍，想干什么就干什么。反观我们的孩子，他们的童年是怎么样的呢？虽然他们在物质上颇为享受，但是精神上承受着巨大的压力。

这些压力来自哪儿？有父母给他们报的数个兴趣班，有父母每天规定他们学习多长时间，有父母要求他们考多少分，等等。种种压力汇聚在一起，造成的后果就是将孩子压得喘不过气。

或许，很多父母会为自己辩解，认为逼着孩子去学习，是因为当今社会竞争激烈，是为了孩子好。可事实上，这真的是为了孩子好吗？要知道，逼迫是孩子成长路上的绊脚石，它会令孩子失去自我。所以，父母最该给予孩子的就是自由，让孩子顺应天性发展才是最好的。

卡尔·维特是美国著名的教育家。他的孩子小卡尔出生不久，就邀请了格拉彼茨牧师到他家做客。

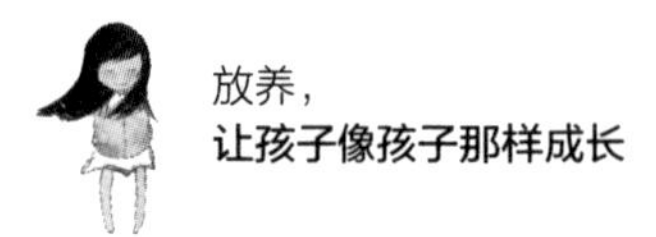

牧师发现小卡尔有些呆呆的，远没有其他孩子聪明。于是，他担心地对卡尔·维特说：“维特先生，我一直都很支持你的教育观点。但是现在，我有些为你担心。”

卡尔·维特听后，就知道牧师在担心什么了。不过，他还是想听牧师亲自说，所以故意装作不知道。他问：“格拉彼茨牧师，你为我担心什么呢？”

牧师郑重地说：“维特先生，我知道我将要说的事会令你难受，但我不能将自己看见的当作没看见。我要说的是，小卡尔不是一个聪明的孩子，我希望您与您的妻子能坦然地面对这个现实。”

卡尔·维特严肃地点了点头，说：“你说得很对，小卡尔确实不太聪明，甚至有些笨。但是，我并不认为这是决定性因素。”

“这是当然。先天不聪明，并不能代表以后也不聪明。只不过，您必须要付出加倍的努力。”牧师诚恳地说。

卡尔·维特点了点头，对牧师的说法很赞同。

牧师思考了一下，说：“我给你出一个主意。既然小卡尔不太聪明，那么您唯有将所有的希望寄托在对他的后天培养上。也就是说，从此刻起，您与您的妻子，以及小卡尔，都要做出某种牺牲。”

“牺牲？”卡尔·维特对牧师的话很不理解。

“是的。我指的牺牲就是您与您的妻子要花大量的时间去教导、训练孩子，这意味着，你们夫妻将没有独处的温情时光，而小卡尔则要牺牲他的整个童年来学习。”牧师说得无比认真。

但这却让卡尔·维特很不可思议，他惊讶地说：“我的天哪，格拉彼茨牧师，您怎么会有这样的想法呢？这种牺牲对小卡尔有什么意义？这世界上难道还有比他的童年时光更重要的吗？”

“孩子的前途不比童年时光更重要吗？”牧师反问。

卡尔·维特无比肯定地回答：“孩子的前途当然重要，但却没有比孩子的健康成长重要。残忍地逼迫孩子去学习只会令他既享受不到美好的童年幸福时光，又不会使他学习到所必需的一切知识。而且，压迫孩子还会毁掉孩子。”

看完卡尔·维特的故事后，想看看，如果你处在他这个位置，你是听从格拉彼茨牧师的建议逼迫孩子牺牲童年时光去加倍学习，还是会如卡尔·维特一样让孩子顺应天性去发展？或许，大部分父母会听从牧师的建议。然而，父母的逼迫并不能让孩子的学习成绩有一个质的飞跃。相反，逼迫会摧残和伤害孩子的身心发展，没有任何积极的作用与意义。

李晓是业内小有名气的高级会计师，她能取得这样的成就，与她的父母有关。因为，李晓的父母非常尊重孩子的选择，也从来不把自己的意愿强加给她。

小时候的李晓不愿意学习，学习成绩很不好。在李晓初中毕业填志愿时，她的爸爸跟她进行了一次诚恳的谈话，他说：“孩子，你应该好好想想，自己以后想从事什么职业。”经过这样一番商量，李晓慎重考虑后，选择就读职业高中，主修会计专业。

事实上，李晓的父母非常想让她上重点高中的，可是李晓对会计专业感兴趣。而李晓父母选择尊重孩子，让孩子顺应天性去发展，得到的结果并没有令他们失望。

每个孩子的思维方式和兴趣爱好都不同，就像花园里姹紫嫣红的花朵，各有各的美丽，父母又何必强求一致呢？如果每一位父母都追求整齐统一，那么就没有五彩斑斓的世界了。父母具体怎么做，才算是顺应孩子本身的发展规律呢？

首先，不要随大流，要认真客观地对待自己的孩子。要知道，世界上每个人的指纹都不同，也没有两片完全一样的叶子。同样的，孩子也都是独一无二的。每一个孩子都有一套独特的属于自己的为人处世的模式，父母不必要以大众的要求与标准去约束孩子。为了保证孩子能顺应天性去发展，父母要为孩子创造一个轻松自由、充满爱的环境，让孩子做一个真正的孩子。

其次，多带孩子走进自然，帮助其缓解内心的压力。成年人有压力时，会用

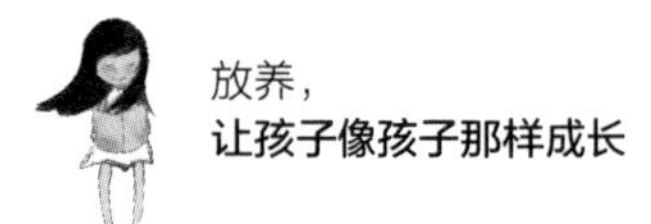

各种方式去减压，而孩子有压力时，他们往往不知道该用何种方式减压。父母要多多关注孩子的情绪，一旦孩子变得沉默、压抑、愁眉不展，那极有可能是因为孩子心中有压力。这时候，父母可以带着孩子走进自然，让孩子在大自然中释放自我，缓解压力。

父母的逼迫，其实就是一把无形的悬在孩子身上的利刃。这把利刃不会伤害孩子的肉体，只会伤害孩子的心灵。而肉体上的伤很好愈合，心灵上的伤却很难愈合。父母应该放下手中利刃，还给孩子自由，让孩子顺应天性去发展。

“直升机父母”如何平稳落地

在本节开始之前，先来问各位父母一个问题：

在教育孩子的过程中，你是否拥有很强的控制欲呢？

你是否希望每一件事情都为孩子安排得妥妥当当呢？

你是否经常违背孩子的意愿而私自替孩子做决定呢？

……

如果答案是肯定的，那么你可能就是传说中的“直升机父母”。那么，何谓“直升机父母”呢？“直升机父母”的说法最初起源于美国，是指父母对孩子的关爱太过于无微不至，他们的行为就像一架盘旋于孩子头顶的直升机，视线紧紧追随着孩子的脚步，时刻准备着对孩子进行照顾、监督和指导，生怕一个转身孩子就会出现闪失。

与美国的“直升机父母”相比，中国的直升机父母表现往往过犹不及。除了牢牢掌控孩子的一切动向外，他们也会毫不吝啬地给予孩子关爱，最显著的一大特点就是：为了孩子的一切劳心劳力，哪怕再苦再累也值得！打个比方，如果孩子学走路摔跤了，普通家长可能会鼓励孩子勇敢地站起来接着走下去，但“直升机父母”则会直接抱起孩子，嘘寒问暖。

一般来说，“直升机父母”主要分为三大类：生活上的“直升机父母”，事必躬亲地照顾孩子的一切饮食起居；学习上的“直升机父母”，不尊重不征求孩子的兴趣爱好，独断专行地替孩子安排补习班、制定学习任务；人际交往上的“直升机父母”，不问青红皂白替孩子摆平一切矛盾，替孩子强出头。

“直升机父母”的内心往往都有一种不寒而栗的恐惧感，会过度忧虑孩子的安全，杞人忧天地担心孩子离开自己会得不到很好照顾。于是，“直升机父母”在这种担心与焦虑中，便逐渐剥夺了孩子成长的机会，一味地事事包办、过分保护，不仅导致孩子丧失自理能力与成长空间，引发孩子悲观厌世、逃学叛逆的心理，更容易造成孩子遇事蛮横无理、冲动暴躁的不良性格，以至于孩子踏入社会与职场后，无法与他人进行正常的沟通与交流，最终导致的结果就是：父母心力交瘁，孩子压力山大。

思思今年刚满十岁，可是她比大人还要忙。除了日常的上学之外，周末她还要不停地穿梭在英语、古筝、作文、舞蹈这四个培训班之间。而每次上课，妈妈都寸步不离地陪着，回到家后，妈妈还要随时抽查当天所学的内容，以此来巩固思思的学习，希望思思能学以致用，成为一个多才多艺的孩子。

可最近，妈妈发现，给女儿报了那么多培训班，英语与作文成绩不仅没有进步，反而退步了。而且思思每天作业完成的时间也越来越晚，但仔细询问老师，老师却说并没有额外增加作业量。看着孩子每天故意磨磨蹭蹭地拖延时间，思思妈妈气不打一处来，觉得孩子实在是太不争气了，并动手打了思思一顿。哪承想，思思竟然哭着说，妈妈一点也不爱她，还威胁父母说要离家出走。

纵观思思的行为，不难发现，孩子其实是在用一种“磨洋工”的消极方式来与家长对抗。因为她知道，就算自己早早地把作业完成也不可能得到自由活动的时间，那么，与其做完作业被父母不停地安排做其他事情，倒不如自娱自乐边玩边做来得痛快。由此可见，“直升机父母”一味地给孩子施加压力，不一定会获得期待中的美好，过度的拔苗助长，只会收到适得其反的效果，反而不利于孩子的身心健康。

所以，如果你真的爱孩子，为孩子的现在与将来着想，那么，就请抛弃直升机的禁锢与枷锁吧，别再做“直升机父母”了。问题是，不做“直升机父母”的他们，又应该如何平稳落地呢?

首先，父母要从观念上进行自我转变。只有观念转变了，思想与行动才会紧跟着转变。所以，父母不妨先从自身做起，从身边的小事做起，让孩子一步一步地进行尝试，而父母要做的，就是在旁边进行提点与指导，慢慢地培养孩子的自理能力与处理事情的应变能力。

其次，给予信任与支持，趁早对孩子放手。“直升机父母”在生活中往往把孩子当作生活的重心与全部，却忽略了孩子已经逐渐长大了的事实。虽然爱孩子，但这种爱却太过于沉重，容易让人产生窒息的感觉。

当孩子渐渐长大，其心理与行为都会发生改变。此时，父母不妨试着早日放手，给予孩子足够的信任与支持，让孩子在正确的轨道上自由活动与发展。放手并不是代表不管，而是努力在亲子关系中寻求一种轻松快乐的教育方式，因为有时候父母的不管不顾恰恰就是激发孩子努力向上的动力。

成长是需要不断实践与体验的，父母若想让孩子成为一个真正独立自主的人，那么就必须放弃“直升机父母”的教养方式。因为你的“直升”，并不等同于孩子能力的提升，所以父母要做的就是早日转移生活的重心，以正确的观念和方式来引导孩子，让孩子放飞心灵自由成长。

你就是你，不需要模仿任何人

相传，两千多年前，燕国寿陵住着一位家境极好的少年。按理说，少年家境富裕，长相也很俊朗，应该非常自信才对。可事实上，少年很没有自信，经常无缘无故地认为自己事事不如人。

这个少年还有一个习惯，就是看见什么就学什么，但学会这样就会忘记那样，从来没有做好过一件事。为此，他感到十分困惑，不知道自己到底该做什么。时间久了，他甚至开始怀疑自己的走路姿势，认为他现在的走路姿势太难看了。

有一天，少年去茶馆喝茶，茶馆内坐着几个刚刚从邯郸城回来人，他们在一起聊天，说邯郸人走路的姿势非常好看。少年就想上前打听清楚，问一问邯郸人是怎么走路的，但是没想到，那几人看到是他后，大笑着离开了。此后，少年每天都在想着邯郸人究竟是怎么走路的，姿势到底有多么优美。终于有一天，他瞒着家里人，带着一些钱前往邯郸。

少年抵达邯郸后，他整天站在街上，仔细研究邯郸人的走路姿势。他觉得邯郸的小孩走在路上十分活泼，于是就学习小孩的走路姿势；他看到邯郸的老人走路很沉稳有力，于是又学老人的走路姿势；他看到邯郸妇女走路优雅美丽，于是又学习妇女的走路姿势。

少年模仿了很久，但一直都学得不像。他思索着，应该是因为他没有忘记自己以前走路的姿势。于是，他下定决心要忘记自己以前的走路姿势。但是过了很久，他还是没有学会。与此同时，他的钱也花光了，所以不得不放弃学步，准备回家。可是，少年把以前走路的姿势忘记得一干二净，已经不知道该怎么走路了。最后，他只好一路爬着回家。

这就是著名的《邯郸学步》的故事。这个故事告诉我们，勤于向别人学习是值得肯定的，但一定要从实际出发。一味地模仿别人，只会变得不伦不类，失去自我。所以，作为父母的你在教育孩子时，有一味地要求孩子模仿他人吗？

美国著名精神导师迪帕克·乔普拉曾经说过："我们今天现在的样子不是我们刚出生时婴儿的样子，而是被大人放在一个错误的容器里挤出来的变形的样子。"可见，绝大多数父母在教育孩子时，都是按照自己的意愿和标准来培养孩子的，这里的意愿和标准有一个模板——别人家品学兼优的孩子。

别人家的孩子学习钢琴很有气质，就要求自己家孩子也去学习钢琴；别人家孩子学习舞蹈后举止优雅，就要求自己家孩子也去学习舞蹈；别人家孩子学习奥数获得大奖，就要求自己家孩子也上个奥数班……可是，父母在要求孩子学习这些之前，有没有考虑到孩子的意愿呢？有可能你的孩子不喜欢弹钢琴，他喜欢弹吉他；有可能你的孩子不喜欢跳舞，他喜欢画画；有可能你的孩子不喜欢令人头疼的奥数，他喜欢充满诗情画意的写作。所以，以别人家的孩子为模板来培养自己家的孩子，确定不是在培养别人家的孩子吗？

在教育孩子时，如果父母也一味地要求孩子模仿其他孩子，那孩子最后也会变得如《邯郸学步》中的寿陵少年一般，最后迷失了自我。孩子是独立的个体，他只是他，不需要模仿任何人。

小炫十二岁，是学校里的"小明星"，也是邻居眼中非常出色的小孩儿。因为小炫能写一手漂亮的毛笔字，凡是参加的书法比赛他都能获得大奖。

书法大家们不仅觉得小炫的字漂亮大气，还觉得他的字很有特色，能自成一体。对于一个十来岁的孩子来说，这无疑是非常了不起。所以，有不少出版商找上小炫妈妈，想要出版小炫写的字，将他的字制成字帖。

不少家长和邻居听闻小炫的事迹后，也纷纷让孩子练起毛笔字。虽然其中不乏将毛笔字写得非常不错的孩子，但再也没有出现一个像小炫那样能将毛笔字写得带有自己特色的孩子了。所以，遭受挫折的家长和邻居们就问小炫妈："为什么小炫的毛笔字写得那么好，而且还很有特色？"

小炫妈妈笑着认真地回答："小炫从小就喜欢写毛笔字，于是我和小炫爸爸就为小炫找来很多大家的字帖给他临摹，还送他去书法班学习书法。小炫很有天赋，那些书法大家的字他都能模仿得很像。可是，我和小炫爸爸总觉得，他模仿出来的字远远没有他自己写的字有灵气、有特色。后来，小炫自己也表示，他模仿别人的字时并不开心，只有在写他自己的字时，他才觉得快乐。所以，我与小炫爸爸商量后，决定不再让小炫模仿别人的字，让他专心写自己的字。事实证明，我们的做法是正确的，小炫也凭着自己的天赋将毛笔字写得独具特色。"

常年坚持练书法的人都知道，按照别人的字体去练字，就永远写不出拥有自己特色的字，或多或少能从字迹间看出别人字体的特色。就像小炫的父母，如果他们一味地让孩子去模仿别人的字，不让孩子凭借自己的天赋写自己的字，那么小炫或许会写一手漂亮的毛笔字，但却写不出一手拥有自己特色的毛笔字了。

每一对父母在要求孩子模仿别人时，都该自我反思一下，你期望孩子按照你的要求发展成为像某某一样优秀的人时，你到底是要孩子为你眼中的优秀而努力，还是想让孩子呈现他本来的天赋和能力，做最出色的自己呢？适合别人家孩子的，你就完全肯定也适合你的孩子吗？

答案显然是否定的。大量的经验告诉我们，我们的孩子可以向优秀者学习，但教育方式绝对是因人而异的。早在两千多年前，伟大的教育学家孔子就强调过"因材施教"这个道理。孩子是独一无二的个体，他们不需要模仿任何人，他们或许有这样那样的缺点，但那也都是他们的特色，而好的教育就是注重孩子个性

和天性的发展。父母只有给予孩子足够的自主空间，尊重孩子，这样的教育才会令孩子感到快乐。

世界上漂亮的蝴蝶有很多，但它们的翅膀上没有一对图案是绝对一样的，就连天空中的白云，也都是形状不一的。所以，我们的孩子的性格、心智、兴趣、爱好、能力等都不尽相同。每一个孩子都是自由的，都有权利成为最好的自己，他们不需要按照别人的轨迹来发展自己，也不要成为某个优秀者的影子。

这世界太吵，你只需要听自己的话

有一则非常有趣的小故事。

从前，有一对父子牵着一头毛驴去赶集，他们一路上碰到了许多人。

碰到的第一个人耻笑他们说：“你们真傻，有毛驴都不骑。”

于是，父亲就让儿子骑。

碰到的第二个人同样耻笑他们说：“身为儿子真不孝，哪能自己骑驴父亲走？”

于是，儿子下了毛驴，让父亲骑。

碰到的第三个人依旧耻笑他们说：“父亲真不爱护儿子，怎么能让儿子走呢？”

于是，父亲和儿子一同骑着毛驴。

碰到第四个人还是耻笑他们说：“你们父子太残忍了，毛驴会被你们压死。”

于是，父子俩下了毛驴，抬着毛驴走向集市。

或许，在许多人眼中，会觉得这对父子很可笑，为什么要听从别人的话。可是在现实生活中，相信很多父母何尝不与这对父子一样，在教育自己的孩子的时候也在不停地听取别人的说法与建议呢？

别人认为早晨是孩子的最佳记忆时间，于是就要求孩子早早起床背诵朗读；别人认为晚上的时间最利于思考，于是就要求孩子在晚上做大量习题。可事实上，父母们考虑过孩子的自身情况吗？有可能你的孩子的最佳记忆时间点是中午或晚上，有可能你的孩子最利于思考的时间点是早晨。

盲目地听从别人的建议，而不去考虑孩子的自身情况，这对孩子来说有百害而无一利。而孩子在父母不停地要求与干扰之下，也会变得没有自我，没有主见，就像是没有掌控权的提线木偶一样。这个世界太过嘈杂，让孩子重拾自我的方法就是给予孩子自由，让孩子只需要听自己的话。

李贝自从上学后，就一直担任班长这个职务。老师和同学们之所以选她当班长，一来是因为她成绩好，二来是因为她自主能力非常强，不管班级的大小事，她都有自己的看法，并且处理得非常不错。这一点让老师特别欣慰，也让同学们非常佩服。而李贝的决策能力与她父母的教导息息相关。

李贝出生在一个“4+2”模式的家庭中，爷爷奶奶、外公外婆和爸爸妈妈全都照顾她一人。四岁那年，大家决定给李贝报一个兴趣班。

爷爷说：“贝贝的性格太活泼，给她报一个象棋班。”

奶奶说：“学习象棋不如学习书法，书法更能帮助贝贝修身养性。”

外公说：“性格活泼没什么不好，给贝贝报个既能塑形又能培养气质的舞蹈班。”

外婆说：“练舞蹈好辛苦，练习钢琴也能培养气质。”

于是，四个老人为李贝到底学什么而争论不休。小小年纪的李贝看看爷爷奶奶，又看看外公外婆，不知道四个疼爱自己的老人在争论什么。没过多久，四个老人争论好了，他们决定这四个特长李贝都学，但时间要安排好。

李贝的爸爸却不赞同，他说：“贝贝才四岁，学习两个特长已经是她的极限，学习四个特长不仅杂乱，而且还极费精力，这对贝贝的成长很不利。”

李贝的妈妈也皱着眉头说：“贝贝有自己的想法，你们为什么不听一听贝贝自己想学什么呢？”

这话让四个老人面面相觑，他们不禁将视线落在了贝贝身上。爷爷被推选为代表，和蔼地问李贝：“贝贝，你有想上的兴趣班吗？”

妈妈也鼓励李贝说：“贝贝，你不需要听爷爷奶奶的建议，你想要学什么，爸爸妈妈都会支持你。当然，你的决定，爷爷奶奶、外公外婆也同样尊重和支持。”

话毕，四个老人也点头表态。

李贝鼓起勇气说：“我想学习跆拳道。”

妈妈第一个赞同说：“学习跆拳道好哇，既能锻炼身体，又能磨炼意志。”

之后四个老人也都表示，学习跆拳道后，贝贝以后不会被人欺负。

李贝本以为大家都会不同意，哪知道大家全都赞成了。这让李贝开心的同时，心里更喜欢自己的家人了。为了不让大家失望，她很努力地学习跆拳道，即使受伤了，她也不哭不闹。

此后，不管大事小事都由李贝自己决定，即使是个错误的决定，大家也都赞成。因为吃一堑长一智，李贝只有吸取了失败的教训，才会在下次做决定时，更加深思熟虑。

人们常说，生命的价值在于选择，每个人每时每刻都在做着选择。对孩子来说，他们也有自己的主见，也有选择的权利。可是，很多时候父母意识不到给予孩子选择权，总是帮助他们去选择。有时候，孩子会对父母帮他们选择的行为表示不满，然而父母却早早为自己的行为找好了借口：“孩子，爸爸妈妈的经验比你丰富，替你选择是想让你少走弯路。”父母需要知道，你可以帮助孩子选择一时，却不可能帮助孩子选择一世。孩子总有长大的一天，他总有独自选择的一天。

父母的“专政”会导致孩子丧失自主意识，变得习惯依赖于他人，而这样的孩子将很难在社会上立足。相信，任何一对父母都不愿自己的孩子成为这样的提

线木偶。父母需要明白，孩子的未来是孩子自己的，并不是其他人的，孩子不需要听从旁人的选择，他们只需要听从自己的选择。当然，在孩子选择前，父母可以给予一些建议，分析选择后的利与弊，但最终的选择权还是在孩子手中。

孩子虽然天生较弱，但这并不代表他们没有抉择的权利，想让孩子以后成为一个很有主见的人，父母必须学会放手，让他们独自体验生命中的五彩斑斓。只有让孩子自己去决定自己的事情，他们才会感觉到自己就是人生的主宰者，才会有更多的信心开创自己的人生。

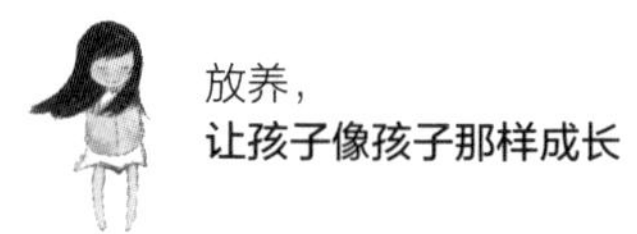

不需要对比，孩子，你就是最棒的

作为父母或多或少都有这样一个心理：将自己家的孩子与别人家的孩子做对比时，如果自己的孩子更优秀，父母会很得意；如果自己的孩子不如别人家的孩子，父母就会变得严厉起来，并要求孩子向更好的孩子看齐。

不可否认，在中国与别人对比是通病，大到升职加薪、买房买车，小到生活用品、衣服配饰，可是这些都不是父母将孩子作为对比工具的理由。

每一个孩子都有一颗争强好胜的心，只不过有些孩子表现得明显，有些孩子表现得不明显。当父母在孩子面前说其他孩子多聪明、多礼貌时，孩子心中自有一把衡量的尺子，因为孩子比父母要了解他的同学或同伴身上的优点与缺点。更何况，每一个孩子都不希望自己总被父母拿来与其他孩子对比。相反，他们对这种与他人对比的行为很厌恶。

秦沛是一家上市公司的经理，是典型的职场白骨精，她不仅在工作上争强好胜，生活中也想处处比别人好，包括她七岁的女儿小酸奶，也是她与人炫耀、与人对比的“工具”。

这一周，秦沛的公司招聘了好几个优异的员工。为了欢迎新员工的加入，公司特地在周末组织了一场聚餐，并告知员工们可以带家属。秦沛和往常一样，打算带女儿小酸奶一块儿去。

“妈妈，我可以不去吗？”小酸奶长得非常可爱，她睁大圆溜溜的眼睛望着妈妈。

秦沛一边打扮小酸奶，一边拒绝说：“不可以，那些叔叔阿姨你都认识，你还可以和那些叔叔阿姨家的小朋友玩耍。”

“可是，那些小朋友不想和我玩。”小酸奶嘟着小嘴小声说。

然而，秦沛并没有听到，她正忙着打扮自己。就这样，秦沛带着小酸奶去了聚餐地点。

秦沛的同事A一见到小酸奶，就是一顿夸：“一段时间不见，小酸奶又长漂亮啦！听说她前一段时间参加了一个钢琴比赛，结果怎么样啊？”

说起这个，秦沛不禁笑着说：“还好，得了第三名。对了，你家蓉蓉不是也在学钢琴吗？学得怎么样了？”

同事A尴尬地说：“我家蓉蓉天赋不行，到现在连一首完整的曲子都弹不下来。”

“没关系，多练练就好了。”秦沛一脸自豪地说。

同事B很看不惯秦沛拿孩子来比较的行为，他不禁笑着说：“搁在以前，小酸奶绝对是咱们这些孩子里最棒的，但现在还需要继续努力，继续保持。”

“哦，怎么说？”秦沛听后，皱起了眉头。

“咱们新来的同事C，他家孩子可是远近闻名的小神童，今年八岁了，钢琴已经考了满级，而且还经常参加数学比赛，听说下个月将代表中国与国外的天才孩子竞赛数学。”同事B滔滔不绝地说着，那模样恨不得同事C家的孩子是自己的孩子。

秦沛听闻同事家的孩子处处比自己家的孩子强，心情没有来时那么开心了，她不禁严厉地要求小酸奶以后要向同事C家的孩子学习，要加倍努力。

至于小酸奶，被妈妈训斥后，她安安静静地低着头坐在角落里，听着那些与她差不多大的孩子议论着如何不喜欢她，议论着她的妈妈总爱拿她跟别人比较。

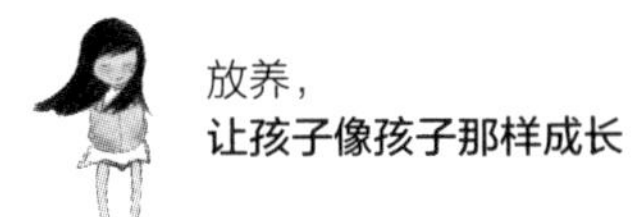

其实，她也很不喜欢妈妈拿她与别的孩子比较，因为妈妈的比较让这些孩子都不愿意和她玩。

俗话说，天外有天，人外有人。父母经常拿孩子作为比较工具，总有一天会遇到一个比自己孩子更加优异的孩子。每一对父母都有一颗望子成龙的心，可是孩子成龙并不是对比出来的。但可以很肯定地说，每一个孩子都不愿意被别人说差，他们都渴望得到别人的夸奖与肯定，尤其是来自最亲近的父母的肯定。如果父母总是将孩子与其他孩子对比，那么将会有两种结果，一种会令孩子生出一种虚荣感，一种会令孩子失去自信心，会经常自我否定，这种后果无疑会影响孩子的身心健康。

父母可以纵向比较孩子，但不可以与其他孩子横向比较。每个孩子都有自己独特的潜能与特质，随着渐渐长大，这些潜能与特质会慢慢体现出来。纵向比较孩子，其实就是将孩子现在的模样与过去的模样进行对比，看看进步了多少。这样一来，不但父母能感受到孩子的变化，孩子也会因为这些变化而更加努力。

每一对父母都该保持一颗平常心，要相信自己的孩子是最独特、最棒的，即使孩子存在这样或那样的不足，也不能给孩子施加压力。父母要坚信，那些不足都是暂时的，孩子在成长的路上总会破茧成蝶。

孩子无伤大雅，该执着时就执着

“执着”究竟是一个褒义词还是贬义词?

在很多父母眼中，如果孩子将执着用在学习上，那么“执着”就是褒义词，如果孩子将执着用在吃喝玩乐上，那么“执着”就是贬义词。可对于年纪尚小的孩子来说，他们无法将“执着”一门心思地用在父母认为是对的事情上，因此，他们的执着常常是:

“我一定要将这个游戏打通关，不打通关就不睡。”

“我一定要把这本故事书读完，我要看最后的结局。”

“妈妈一定要给我买这件新衣服，因为我特别喜欢。”

……

在大多数父母眼中，孩子很多时候的执着是“没有意义”“没有价值”的，但对孩子来说，他们执着的事就是天大的事。而且，孩子一旦执着起来，那股劲儿甚至会令父母头疼不已，而他们的执着也意味着不听话，与父母对着干。父母表现得越反对，他们的执着也会越强烈。

父母需要明白，孩子的执着其实是充满童真色彩与意气用事的，如果强行阻止孩子对一件事情的执着，不仅会给孩子幼小的心灵造成伤害，也会磨灭孩子那颗执着的心。对孩子而言，执着就是耐心、信心、决心，也是持之以恒。当他们

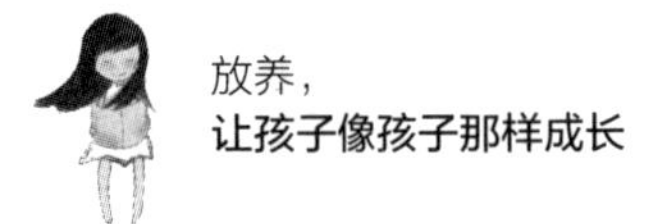

缺少了执着，那么干任何事都会没有动力，不起波澜。

此外，孩子的执着绝大多数都是从他们认为有趣的事情上锻炼出来的，正是有了执着，以后才能将其运用到学习上或其他对的事情上去。所以，当孩子的执着用在一件无伤大雅的事情上时，父母不要对孩子干涉太多。

刘星是一个调皮捣蛋、格外执着的八岁男孩子。只要是他决定的事，他都会去干，哪怕那是件十分危险的事。

有这么一个儿子，当父母的一定头疼不已。可事实上，刘星的爸爸一点也不头疼。每当他看到刘星执着于一件事情时，他都会说："你想试，就去试，爸爸永远支持你。"只不过刘星的妈妈十分担心孩子的安全，以至于对刘星爸爸颇有怨言。

就在前几天，夫妻俩还争论得脸红脖子粗，原因是刘星想爬一棵很高的树，爸爸非常赞成，并鼓励孩子去攀爬，而妈妈却很反对，觉得太过危险。最后的结果是，刘星执着要爬，并如愿以偿地爬上了高树。只不过在下树的时候没踩稳，摔得鼻青脸肿，好在没有伤到筋骨。

刘星还没消停几天，又在闷声搞什么名堂。

晚上睡觉的时候，妈妈叹了口气，忧心忡忡地对爸爸说："唉，也不知道儿子在搞什么，这两天一直在和同学打电话，声音还特别低。我听了老半天才知道，儿子准备在星期天的时候和几个同学一起到公园玩'枪战'。"

"是吗？那你准备些吃的，孩子们玩累了一定会肚子饿。"爸爸不在意地说。

妈妈一听，气冲冲地说："你怎么就听不懂我的话呢？我担心儿子的安全，公园里水池多，这要掉下去怎么办？虽然玩具枪的子弹不大，但打到身上也疼，万一要打到眼睛了可如何是好？"

"这很简单，你带着吃的和孩子一块去，有什么突发情况也能及时处理。至

于怕孩子们伤到眼睛，就让孩子们戴上护目镜。”爸爸建议说。

对此，妈妈仍然不满意：“我的意思是，不让儿子去公园玩枪战。”

爸爸听后，摇了摇头，认真地对妈妈说：“其实你说的我都懂，可是你难道不知道？咱们儿子那么调皮，决定的事情一定要干，十头牛都拉不回。如果你不让他去做，他一定会偷偷去做。你自己想一想，在你知情和不知情两种情况下去做一件事，你会选择知情还是不知情？”

妈妈听后沉默了，从此之后，她再也没有干涉刘星做他所执着的事情了。当然，这些事的前提是无伤大雅。

刘星也因为这些经历，将身上的执着劲儿锻炼得坚不可摧。在他此后的人生中，不管是遇到学习上的困难还是生活中的挫折，他都能凭着那股执着劲儿闯过去。

相信很多父母都会如刘星的妈妈一样，非常担心孩子有一些危险的举动，为此也会想方设法去制止，或是去训斥孩子不要去做。可事实上，孩子非常聪明，他们有很多方法瞒过父母偷偷去干，当然，除非父母能二十四小时不间断地跟踪孩子。可是，这显然不现实。所以，当孩子执着于一件危险的事情时，父母不妨化身为孩子的盟友，站在孩子身后，为他出谋划策，如此便能随时掌握孩子的心思和行动。

孩子有属于自己的人生，父母不可能帮孩子去走。而在孩子成长的路上，必然会遭遇挫折，这时候，他们身上的执着就会发挥作用，帮助他们渡过难关。所以，当孩子执着于一件事情时，父母怎么做才能帮助到孩子呢？

父母可以帮助孩子分析他所执着的事。很多时候，孩子的执着很单纯，他们并不知道他所执着的事情的后果。所以，父母一定要告诉孩子做这件事后会有什么利弊，让孩子的心里有数。当孩子明白父母的告知是建议，而不是干涉或阻止，孩子一定会认真考虑事情的利弊，做出一个正确的选择。

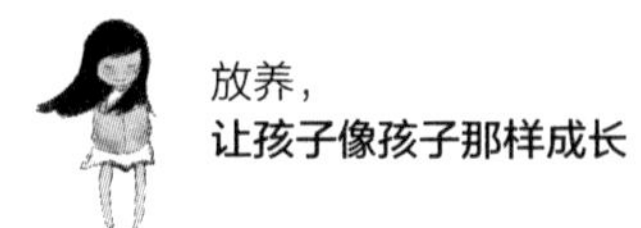

此外，当孩子执着于一件喜欢的事时，父母要给予孩子鼓励，提醒孩子既然喜欢那就一定要做好，要做好就需要计划和步骤。让孩子明白，执着也需要有头脑。当然，并不是所有执着的事都有一个好的结果，为了防止孩子偏执，父母也需要向孩子灌输正确的价值观。

别用你的理想绑架孩子的人生

人生在世，每个人都有自己的理想，都愿意为自己的理想去拼搏去奋斗。但并不是每个人的理想都能一一实现。许多父母年轻时由于各种条件的限制，无法实现自己的理想，于是便把自己的理想转嫁到孩子身上，希望孩子能代替自己去完成当年的理想，弥补自己的遗憾。

这样的父母，表面上看是为了孩子好，可实际却是用自己的理想绑架了孩子的人生。他们之所以能够这么肆无忌惮、理直气壮地去把自己的理想强加到孩子身上，就是因为他们把孩子当成了自己的附属品，所以他们才会言辞凿凿"你的生命都是我给的，所以你的人生也应该由我来做主"。可是凭什么呢？难道孩子就没有自己的理想与人生了吗？

当然有，哪怕年龄小，孩子也有自己独立的思想与意识，也渴望为了自己的理想去拼搏和奋斗，只是他们的理想被父母以爱之名无情地扼杀了。虽然在父母的关爱下他们实现了理想、取得了成功，但他们却感受不到成功的喜悦，因为他们实现的理想不是自己的，获得的成功也不是自己需要的。

儿童教育心理学上说，一个孩子成长为什么样的人，80%由家庭教育所决定。当父母把自己未完成的理想绑架在孩子身上，希望孩子去代替自己实现、完成时，就已经违背了孩子的意愿，忽略了孩子的成长需求。这样做，不仅会造成

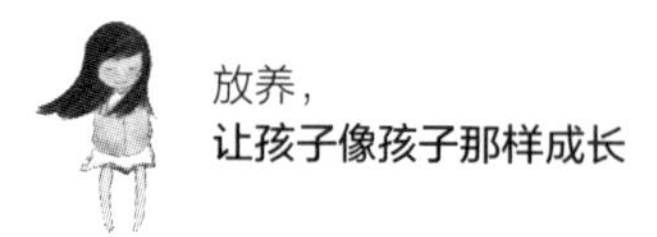

孩子的心灵敏感脆弱，还会因此而失去快乐，甚至孩子长大成人后还有可能会延续你的这种做法，把自己的遗憾也转嫁到他自己的孩子身上。

“童话大王”郑渊洁说，要把光宗耀祖的重任扛在自己肩上，而不应该把这个任务转嫁给孩子。因为孩子也是一个有思想有灵魂的人，也会为了理想的实现而加倍付出努力，但前提是这个理想必须是他们自己认同的、喜欢的、感兴趣的。所以，为人父母，请不要再以爱之名，用你的理想去绑架孩子的人生。因为这样，不仅是对自己理想的不尊重，同时也是对孩子人生的不公平。

美国著名生物化学家多伊西出生于1893年，当时正值美国经济严重萧条的时候，大批工人失业，生活过得很是艰辛。但与之形成强烈反差的却是一些工程技术人员，他们的工作丝毫没有受到经济危机的影响。于是，为了让孩子以后能有一个长期而稳定的工作，多伊西的父亲便想让儿子长大后也成为一名工程师。

从多伊西的中学时代开始，他的父亲就十分严格地要求他认真学好学校的各门功课，不仅如此，还额外地给他加了许多复习题。但多伊西却唯独对生物、化学与物理等方面的课程感兴趣。因为多伊西的成绩一直都还不错，所以父亲也没有过多干涉儿子的这些兴趣爱好。

到了多伊西十七岁考大学那年，父亲为了将来的生活考虑，便不顾孩子的坚决反对，固执己见地让多伊西报考了伊利诺斯大学工程学院。虽然多伊西不喜欢父亲选定的专业，但拗不过倔强的父亲，他还是勉强接受了。第一学期考试结束后，多伊西的成绩位列班级最后几名，这让系里的老师特别诧异。因为在他们眼里，多伊西是一个勤奋、认真、聪明、刻苦的学生，可是成绩怎会如此不尽如人意呢?

于是，导师去找多伊西谈心。多伊西非常坦率地告诉导师：“我对自己所学的专业没有兴趣，而且我平时看的书也不是必修和选修课程。报考工程学院是我父亲的主意，因为他认为这个专业将来能更好地立足于社会。”

了解到多伊西的真实情况后，导师便向学校汇报了此事。不久后，多伊西便如愿以偿地转到了自己喜欢的应用科学院的生物化学专业去试读。他的父亲知道后虽然不同意，但木已成舟也无可奈何，只能听之任之。后来，经过不断的刻苦学习与锻炼，年仅二十一岁的多伊西便获得了学士学位，并于1943年获得了诺贝尔生理学和医学奖。

而他也用自己的成绩向父亲证明了自己当初的选择是多么正确。

教育家苏霍姆林斯基说："一丛玫瑰，一棵苹果树，一株葡萄，都是能给人带来愉快的有生之物。"父母不能随便嫁接，强迫玫瑰长成苹果或葡萄，只要孩子的选择是正确的、有益的、感兴趣的，父母就应该尊重、鼓励和支持。

那么，父母应该如何做，才能更好地帮助孩子完成他们的理想呢?

首先，父母不要让自己的理想成为孩子的心理负担。这世间所有的爱都是以团聚为目的，却唯有父母对子女的爱是以分离为目的。父母应该明白孩子总有一天会长大成人离开自己，所以请不要让自己的理想成了孩子的心理负担。孩子是一个独立的人，并不是父母手中的橡皮泥，可以随意捏成父母想要的形状，可以随意接受父母的摆布。

一位艺术治疗师曾经说过，面对孩子的心灵世界，我们一定要谦卑，再谦卑。所谓谦卑，就是甘愿让对方处在重要的位置，让自己处在次要的位置。换句话说，也就是父母要暂时放下自己的想法与意愿，尝试抛开自己的一切成见，去深入到孩子的内心世界，让孩子勇敢去追求自己的理想，做自己想做的事，过自己想要的人生。

其次，给孩子自由选择的权利。面对生活中出现的问题，能够不受别人的支配自己做主，是一个人应该享有的权利。而学会尊重和维护孩子，并给予他们自由选择的权利，则是为人父母对子女最好的爱。

孩子终有一天要走出父母的视线，踏上自己的人生旅途。但如果他缺乏独立自主的能力与自由选择的权利，那么今后他又将如何去选择人生的方向、去迎接生活的磨难与挑战呢？所以，作为父母不妨多给孩子一些选择的权利，让孩子学会对自己的人生负责。这样不仅可以培养孩子的责任心，还可以借机培养孩子战胜困难的顽强意志与沉着冷静的心理素质。

为人父母，在孩子的人生道路上可以指导、可以帮助，但却万万不能决定他的人生，他的人生之路还得他自己走，而父母只需在身边陪着就好。最后，引用海桑《给我的孩子》中的一段诗来作为结尾，与所有的父母共勉：

……

你不是我的希望

不是的

你是你自己的希望

我那些没能实现的梦想还是我的

与你无关，就让它们与你无关吧

你何妨做一个全新的梦

那梦里，不必有我

我是一件正在老去的事物

却仍不准备献给你我的一生

这是我的固执

然而我爱你，我的孩子

我爱你，仅此而已

……